ESSAI

SUR LA

PROPRIÉTÉ LITTÉRAIRE.

PAR

HENRY DE FONSCOLOMBE

AVOCAT, DOCTEUR EN DROIT

Lauréat de la Faculté de Droit d'Aix.

Sic vos non vobis mellificatis apes.
Sic vos non vobis nidificatis aves.
Sic vos non vobis vellera fertis oves.
Sic vos non vobis fertis aratra boves.

(SERVIUS, *Commentaires de Virgile.*)

<table>
<tr><td>AIX</td><td>PARIS</td></tr>
<tr><td>Vᵉ REMONDET-AUBIN</td><td>MARESCQ AINÉ</td></tr>
<tr><td>LIBRAIRE</td><td>LIBRAIRE-ÉDITEUR</td></tr>
<tr><td>Cours Mirabeau, 53</td><td>Rue Soufflot, 20</td></tr>
</table>

ESSAI

SUR LA

PROPRIÉTÉ LITTÉRAIRE

PAR

HENRY DE FONSCOLOMBE

AVOCAT, DOCTEUR EN DROIT

Lauréat de la Faculté de Droit d'Aix.

Sic vos non vobis mellificatis apes.
Sic vos non vobis nidificatis aves.
Sic vos non vobis vellera fertis oves.
Sic vos non vobis fertis aratra boves.

(SERVIUS, *Commentaires de Virgile.*)

AIX	PARIS
Vᵉ REMONDET-AUBIN	**MARESCQ AINÉ**
LIBRAIRE	LIBRAIRE-ÉDITEUR
Cours Mirabeau, 53	Rue Soufflot, 20

Aix, Imp. Ve Remondet-Aubin.

Parmi tous les vastes problèmes soulevés depuis un siècle par les progrès de la civilisation, la propriété littéraire et artistique est un de ceux qui ont soulevé les controverses les plus vives et les plus passionnées. Elaborée dans les commissions, discutée devant les Chambres, étudiée dans les comités et les congrès, commentée partout, cette question n'a reçu de solution heureuse nulle part, au dire de l'opinion publique. Les gouvernements de l'Europe et du monde ont successivement édicté sur ce point les règles les plus bigarrées sans aucune chance de réussite. N'est-il pas permis de croire que c'est là l'effet naturel et mérité d'un système de transaction et d'équilibre qui substitue les décisions de l'arbitraire aux principes les plus élémentaires de la justice !

1.

Née au milieu des plus irritantes discussions entre les partisans des auteurs et ceux de la société, la loi du 14 juillet 1866 devait forcément revêtir le caractère d'une demi-mesure. Les critiques les plus amères lui ont été et lui sont encore journellement adressées. On ne saurait s'en étonner, car c'est le sort de ceux qui cherchent à contenter tout le monde de ne satisfaire personne.

Faire la part de la vérité et du mensonge, en montrant le côté vrai de ces critiques, c'est là une œuvre difficile. Sa délicatesse et sa grandeur nous ont séduits ; qu'on nous pardonne l'essai d'une grande entreprise en faveur du motif qui nous l'a fait tenter.

Mais pour étudier la loi nouvelle sous son véritable jour, deux choses auparavant nous ont paru nécessaires :

1° Examiner d'une façon rapide le fondement philosophique de la propriété littéraire.

2° Jeter un regard en arrière et voir la filière suivie par cette question célèbre.

La voie sera plus facile et plus sûre ainsi éclairée par les données de la théorie et les enseignements du passé.

PREMIÈRE PARTIE.

Philosophie du droit d'auteur.

La plus magnifique création de l'homme, la seule qui mérite véritablement ce nom, est sans contredit l'œuvre intellectuelle ou artistique. Là seulement, la matière dis-

paraît, et le travail devient tout. L'homme fait quelque
chose de rien. Et la plus belle image du Créateur dans
l'intelligence humaine se reflète. Grâce à elle, s'est
formé le domaine commun de la pensée où chaque
homme vient puiser tour à tour. Les générations y
apportent les flots de leurs découvertes et de leurs productions, et ceux qui viennent y trouvent les trésors
enfouis par ceux qui s'en vont. Ce qui faisait dire à
Pascal : « Certains auteurs parlant de leurs ouvrages
« disent : mon livre, mon commentaire, mon histoire.
« Ils sentent leurs bourgeois qui ont pignon sur rue et
« toujours un chez moi à la bouche ; ils feraient mieux
« de dire notre livre, notre commentaire, notre his-
« toire, vu que d'ordinaire il y a en cela plus de bien
« d'autrui que du leur. »

Et à Alfred de Musset :

Rien n'appartient à rien, tout appartient à tous ;
Il faut être ignorant comme un maître d'école
Pour se flatter de dire une seule parole
Que personne ici-bas n'ait pu dire avant nous.
C'est imiter quelqu'un que de planter des choux.

Mais il y a longtemps qu'à côté de cette utilité morale
universelle est venue se placer l'utilité pécuniaire privée.
L'idée revêtue d'une forme nouvelle, marquée au coin
de la personnalité de l'auteur, devient « l'œuvre » dans
son assemblage. L'auteur en imprimant à cette œuvre
le cachet de son travail, le signe indélébile de son
intelligence, acquiert-il le droit de retirer tous les profits qu'elle peut produire ? L'auteur doit bénéficier des
produits de son œuvre. — La société prime l'auteur. —

Auteur et société ont des droits égaux, et viennent en concours à la distribution des profits. Telle est à la question ci-dessus posée la triple réponse qui a été faite.

C'est le dernier parti qu'ont adopté la plupart des grandes nations de l'Europe, jalouses de tenir la balance égale entre des prétentions si opposées. On ne peut se dissimuler qu'il n'ait au premier abord quelque chose de séduisant. S'il est juste de récompenser les auteurs, il faut aussi que la société ait son tour. N'est-il pas d'intérêt public que les livres ne soient pas le monopole d'un seul puisqu'ils servent à l'utilité de tous? N'est-il pas naturel que l'auteur qui doit tant à ses devanciers songe aussi à ses descendants. L'auteur seul et livré à ses propres forces ne pourrait triompher de la concurrence qui lui serait faite. L'État en réprimant la contrefaçon lui rend un service auquel il n'est point obligé. Il est donc nécessaire que l'auteur le paie; et le mode de paiement le plus juste est l'abandon de son droit après un certain temps. C'est le rôle du sage de ne pas se laisser entraîner par les exagérations et de savoir faire la part de toutes les exigences.

Ce sont ces raisons et d'autres plus ou moins sérieuses qui nous avaient fait embrasser cette cause quand pour la première fois nous avons étudié cette question de la propriété littéraire. Mais aujourd'hui trois années d'un travail et d'un examen plus sérieux et l'étude des caractères constitutifs de la propriété littéraire nous imposent une autre solution.

A. — Si la propriété littéraire a même fondement et même nature que la propriété foncière, puisqu'elles ne seront que deux formes différentes d'une même chose, il sera juste d'attribuer à celle-ci les effets de celle-là, et tout ce qui sera vrai de l'une le sera également de l'autre.

D'après les économistes les plus distingués, le fondement de la propriété est le travail, le capital n'étant lui-même que du travail accumulé : « du travail d'hier » (M. Jourdan, l'Epargne et le Capital, p. 65). Le travail ! « transubstantiation mystérieuse », dit M. Passy; effort conscient de l'individu. Ecoutons Locke : « l'homme, « dit-il, étant le maitre et le propriétaire de sa personne, « de toutes ses actions, de tout son travail, a toujours en « soi le grand fondement de la propriété. » C'est encore Bastiat qui nous a dit que : « la propriété n'est que l'appropriation devenue un droit par le travail. » Les socialistes eux-mêmes ne le nient pas : « Tout homme « possède légitimement la chose que son travail, son « intelligence ou plus généralement son activité a « créée. » (1)

Trouvons-nous le travail comme fondement de la propriété littéraire? Il semble puéril de le dire. Certes ! s'il y a quelque chose de créateur en l'homme, c'est bien son intelligence, s'il est un travail personnel celui de l'esprit, une appropriation légitime celle de la pensée ! L'œuvre repose sur le travail ou il n'y a pas de travail en ce monde. Il y a cependant une différence entre le travail de l'artiste et celui du laboureur, c'est que le premier est d'une nature plus relevée que l'autre. Ah ! si l'on mesure la récompense à l'utilité matérielle, le labou-

(1) M. Considérant.

reur mérite récompense avant l'artiste, et encore pas
à tous les yeux, car l'homme : « ne vit pas seulement
de pain » et la nourriture intellectnelle lui est aussi
nécessaire que l'autre. C'est ce que je suis heureux de
trouver consigné dans un mémoire remarquable présenté au congrès de Leipsig en 1865 (1) : « Ainsi, au
« plus bas degré, le laboureur, le bûcheron, le mineur,
« le pâtre, le chasseur reçoivent de la nature la matière
« brute dans le sens le plus large du mot........ Au
« plus haut degré se place le travail artistique... le
« peintre peint d'après l'inspiration sans savoir quel
« accueil trouvera sa marchandise au marché du monde..
« l'artiste ne connaît d'autres bornes que la richesse
« plus ou moins grande de son imagination. L'œuvre
« la plus noble est l'œuvre provenant entièrement de
« l'esprit ou œuvre littéraire qui comme celle de l'ar-
« tiste enrichit le monde d'une création nouvelle, elle a
« pour fondement, soit les conquêtes de la science, soit
« la création libre des choses de l'imagination. » Comment donc expliquer que de profonds penseurs aient
justement trouvé dans la haute valeur des œuvres littéraires, un prétexte pour amoindrir l'usage que l'auteur
peut en faire dans son intérêt ? C'est là une de ces
inconséquences dont l'injustice frappe tous les yeux
mais qu'il est plus facile de constater que de comprendre.

Mais, dit-on, si l'œuvre repose sur le travail, ce n'est
point le travail de l'auteur seul qui lui a donné nais-

(1) Extrait de l'ouvrage de M. Flinianx sur la propriété littéraire.

sance mais bien le travail accumulé de tous ses prédé-
cesseurs. Est-il donc juste qu'un seul retire gains et
profits des efforts et du labeur de tous? Sophisme! bien
que le talent de ceux qui l'ont soutenu ait pu le revêtir
des formes les plus séduisantes. Oui, il est vrai de dire
que l'auteur profite des idées émises, des connaissances
réalisées. Là, est l'instrument de son travail à l'aide
duquel il doit fertiliser son intelligence. Mais la récolte
lui appartient, quoiqu'il ait emprunté la semence, parce
que celui qui sème a seul le droit récolter. Comme le
bloc dé marbre, sous la main du statuaire, se prête à
mille aspects différents :

> Un bloc de marbre était si beau
> Qu'un statuaire en fit l'emplette ;
> Qu'en fera, dit-il, mon ciseau,
> Sera-t-il Dieu, table ou cuvette ? etc.

De même, l'idée recueillie par l'auteur, revêt des
formes différentes et nouvelles. L'expression dernière
que l'auteur donne à sa pensée, n'est que de lui seul ;
et nul n'a le droit d'y prétendre.

B. — Voilà la philosophie du droit. Les lois positives
lui sont-elles contraires? On l'a prétendu souvent. L'article 544 du Code civil définit la propriété : « le droit de
jouir et de disposer des choses de la manière la plus
absolue, pourvu qu'on n'en fasse pas un usage prohibé
par les lois et les règlements. » Je laisse de côté les critiques que mérite cette définition qu'on peut à bon droit
trouver vicieuse et incomplète. Je suis encore en droit
de dire qu'elle n'a pas prévu la propriété littéraire « de
disposer des choses » dit la loi ; or, il s'agit ici d'une

propriété intellectuelle aussi légitime que celle d'une terre ou d'une maison, mais bien différente et moins fréquente, propriété que la loi aurait dû prévoir mais qu'elle n'a pas prévu. « La propriété ne s'entend en général que des choses corporelles, elle embrasse cependant aussi des choses incorporelles. (1) »

Mais je veux bien admettre pour un instant que le législateur du Code civil ait voulu embrasser dans les termes de sa définition le droit qui nous préoccupe. Je dirais encore qu'il ne le proscrit pas. La propriété est le droit de jouir *des choses* : L'auteur jouit de son œuvre, il en retire les profits matériels, et la seule chose qui l'empêche d'en jouir d'une manière plus complète c'est l'expropriation que vous lui imposez. La propriété est le droit de disposer : mais le droit d'auteur est un effet commerçable qui peut se vendre, se donner ou s'échanger, c'est une propriété qui se prête à toutes les mutations et aux contrats de tous les genres. Ainsi, donc la manière dont le législateur envisage la propriété ne contrarie point nos vues ; elle aide notre raisonnement.

Enfin, nous dit-on, la propriété est absolue et exclusive et le droit d'auteur ne l'est pas. C'est là l'objection la plus sérieuse, d'autant plus forte qu'elle est plus spécieuse et qu'elle revêt les apparences de la vérité. Fut-il vrai que le droit d'auteur manquât de ce double caractère, nous ne cesserions pas de demander pour lui la perpétuité. Si la propriété éveille, en droit, l'idée d'une

(1) René Roy de Clotte.

chose qui doit être toujours semblable à elle-même, les faits dans lesquels elle se traduit peuvent être analogues mais ne sont pas identiques partout (1). La propriété est plus ou moins absolue, plus ou moins exclusive dans un pays ou dans un autre. Elle ne s'exerce pas de la même manière en France que dans les prairies de l'Amérique, et nous sommes encore loin de la propriété idéale et parfaite protégeant les intérêts de tous sans détriment du droit de chacun.

Mais je vais plus loin, et je prétends que le droit d'auteur a ou peut avoir ces deux caractères. Il est exclusif, puisque l'auteur a seul le droit de publier son livre, de représenter sa pièce, puisque l'artiste peut seul exposer son œuvre! Il est absolu, puisque nul n'a le droit de prétendre aux bénéfices retirés, et que si le public lit le livre, voit jouer la pièce ou se procure la statue, c'est grâce au prix qu'il donne en échange. Comme le propriétaire d'une terre bien située, qui moyennant un droit d'entrée laisserait admirer le paysage, visiter la construction et circuler dans les allées.

Ce prix que le public donne en échange n'est-il pas la reconnaissance la mieux avouée du droit exclusif et absolu de l'auteur? la négation la plus complète du droit du public? Et qu'est-ce que le prix, sinon le signe de deux services échangés? L'auteur qui vend son livre en reçoit le prix comme le bailleur d'un appartement en touche le terme.

La propriété foncière, elle-même, toute absolue et

(1) M. Jourdan à son cours.

exclusive qu'elle est, reçoit cependant des restrictions nécessaires. Elle n'est absolue qu'autant qu'elle ne lèse le droit de personne. Y a-t-il quelque chose qui légitime l'expropriation du public de la propriété de l'auteur? Non ! Ni le désir d'abaisser le prix des livres, c'est-à-dire d'enrichir le public au détriment de l'auteur, ni la crainte que « l'héritier ignorant d'un nouveau Vol-« taire ne fasse disparaître quelque chef-d'œuvre « proscrit par les Jésuites. »

Certes ! on a tout à gagner à répandre à profusion la saine science. Le droit à l'instruction ne limite pas le droit d'auteur. Nous ne sommes pas de ceux qui se plaisent dans le ténèbres et veulent tenir la lumière sous le boisseau ! Laisser le peuple dans l'ignorance ne sert pas à le moraliser ! Vous pouvez jeter à pleines mains la lumière, mais vous devez récompenser ceux qui la répandent. S'il est juste que le peuple s'instruise ce ne doit pas être aux dépens de ceux qui l'éclairent! Et volontiers je dirais avec l'auteur du mémoire déjà cité (extrait de l'ouvrage de Fliniaux) : « que l'Etat puisse s'autoriser à « disposer de la propriété des citoyens, sans leur donner « pour cela une compensation, nous n'y croirons « jamais aussi longtemps que nous croirons à un droit « général de propriété et de succession ! »

C. — D'ailleurs, pourquoi nous appesantir plus longtemps sur ces considérations, quelques sérieuses qu'elles puissent être ! N'avons-nous pas, en dehors même de tout texte législatif, des raisons d'équité largement suffisantes pour faire admettre le système de la propriété en législation, s'il ne rencontrait en face de lui une mau-

vaise fois aussi obstinée? C'est sur le pays tout entier
que rejaillit la gloire des artistes. Les productions des
poëtes et des auteurs lui composent ainsi un apanage
de gloire mille fois plus précieux que son patrimoine
matériel ; puisqu'il n'est pas sujet comme celui-ci à des
démembrements et à des variations successives, et qu'il
se transmet toujours intact à la postérité. L'Etat ne
ferait donc preuve que de la plus vulgaire reconnaissance
en s'abstenant de dépouiller ceux de ses serviteurs qui
ont consacré leur vie et leur talent à son service pour
perpétuer et faire revivre la gloire littéraire de la nation.

Je sais bien que de nombreuses objections ont été
élevées contre le système que je préconise. Mais, il est
vrai de dire qu'elles brillent plus par la quantité que par
la qualité. Je regrette vivement que le cadre étroit de
ce travail ne m'ait pas permis une discussion pied à
pied et sans merci qui en aurait peut-être fait justice.
Ces prétendues objections, loin d'ébranler notre convic-
tion, ont la singulière fortune de la consolider par le
spectacle de leur faiblesse.

On entend dire parfois dans certains cercles soi-
disant littéraires, on lit dans des ouvrages prévenus :
que la meilleure preuve que la *propriété littéraire* ne
mérite pas de figurer parmi les institutions modernes,
c'est qu'elle n'est encore reconnue par aucune nation
de l'un et de l'autre côté des mers. Ne nous effrayons
pas d'une défaveur momentanée ! Depuis le siècle dernier,
la propriété littéraire a déjà gagné du terrain dans les
sphères législatives. Elle eut encore fait plus de chemin
sans les intrigues de ministères et les intérêts de cote-

ries. Nous eussions aimé à la voir, comme le torrent qui brise tout sur son passage, renverser les entraves qu'on lui suscite. Mais patience ! à l'instar d'un grand fleuve, sa marche pour être moins rapide n'en est que plus sûre. La vérité et le bon droit finissent toujours par triompher des obstacles. Fondée en justice, et en moralité, la reconnaissance du droit d'auteur est une nécessité qui s'impose. Elle peut bien encore se faire attendre quelque temps, muselée par les rancunes qui partent d'en bas et les exigences qui viennent d'en haut, mais l'heure sonnera bientôt où, en dépit des jalousies parlementaires ou de l'opposition gouvernementale, la propriété littéraire sera pour le monde un fait accompli (1).

DEUXIÈME PARTIE

Historique du droit d'auteur.

1· De la propriété littéraire.

Ce que nous souhaitons pour l'avenir a déjà existé dans le passé, les vaincus d'aujourd'hui ont succédé aux vainqueurs d'autrefois. Raconter comment la propriété littéraire a été reconnue en France, ce sera faire l'histoire des causes qui la font aujourd'hui méconnaître et apporter une nouvelle preuve à l'appui du glorieux système que nous nous félicitons d'avoir embrassé.

(1) Au mois de juillet 1878, le congrès international réuni au Trocadero pour étudier la propriété littéraire, a voté la résolution suivante : Le droit de l'auteur sur son œuvre constitue non une concession de la loi, mais une des formes de propriété que la loi doit garantir.

La propriété littéraire n'a jamais existé à Rome, dans le sens exact du mot. Le commerce des livres y fut cependant prospère à certaines époques, car Pompilius Andronicus vendit ses œuvres pour 60,000 sesterces, et Suetone rapporte que l'*Eunuque* de Térence fut de toutes les pièces celle qu'on paya le plus cher : « Eunnuchus quidem bis die acta est meruitque pretium quantum nulla antea cujusquam comædia id est octo millia nummorum. » Martial vend ses ouvrages et en fixe le prix :

> Omnis in hoc gracili Xeniorum turba libello
> Constabit nummis quatuor empta tibi
> Quatuor est nimium. Poterit constare duobus
> Et faciet lucrum bibliopola Tryphon
> Hæc licet hospitibus promunere disticha mittas
> Si tibi tam rarus quam mihi nummus erit.

Mais le droit de copie n'existe pas et nulle loi ne prohibe la contrefaçon. L'auteur n'a pour s'en défendre que la critique et la verve de son esprit. Il est vrai qu'à défaut d'autre, il use souvent de cette modique vengeance ; de nombreux témoignages en font foi.

> Fama refert nostros te Fidentine libellos
> Non aliter populo quam recitare tuos
> Si mea vis dici, gratis tibi carmina mittam
> Si dici tua vis, hac eme ne mea sint
> Carmina Paullus emit, recitat sua carmina Paullus
> Nam quod emas possis dicere jure tuum.

Martial.

Quelles causes peut-on attribuer à cette enfance de la propriété littéraire, à une époque où la littérature est à son apogée? C'est chose difficile à dire. Ne peut-on pas cependant s'expliquer l'absence du droit de copie à une époque où la reproduction est forcément difficile et limitée ? Le talent règne dans toute sa force, mais sans vulgarisation aucune, et l'on ne peut guère songer à vendre des ouvrages parfaits mais difficiles à reproduire. D'ailleurs, en l'absence même de cette raison tirée de l'impossibilité matérielle, n'est-il pas permis de croire que le droit de copie n'eut pas trouvé grâce devant les auteurs. Leurs sentiments à cet égard se trahissent d'une manière trop énergique pour que nous n'en soyons pleinement convaincus.

> Nulla taberna mea habet neque pila libellos
> Queis manus insudet vulgi Hermogenisque Tigelli
> Nec recito cuicpuam nisi amicis.....
>
> HORACE. (1)

Cette manière qu'ont les auteurs d'envisager la publication de leurs œuvres ne doit pas nous étonner ; ce n'est en effet que dans un état de civilisation assez avancée, et que quand les auteurs ont en face d'eux un public capable de les comprendre et de les apprécier, qu'ils peuvent songer à la légitime récompense de leurs travaux.

Est-ce à dire qu'à cette époque la gloire fût leur unique récompense ? Ce point de vue éminemment faux serait renversé par la simple lecture de l'histoire des

---

(1) On connaît ces vers de Boileau :
> Mais je ne puis souffrir ces auteurs renommés
> Qui, dégoûtés de gloire, et d'argent affamés,
> Mettent leur Appolon aux gages d'un libraire
> Et font d'un art divin un métier mercenaire.

auteurs latins. Horace recherche la protection de Mé-
cène, Virgile celle d'Auguste. Mais c'étaient là de simples faveurs accordées par des princes aussi orgueil-
leux qu'avides d'éloges et de flatteries. Et si ces récompenses furent nombreuses, que de fois en revanche les
auteurs durent leurs disgrâces à leurs vers ! (Comp. Virgile, Eglogue 1", Ovide, Tristes).

Battue en brèche sous les empereurs, la civilisation
disparaît à la chute de l'Empire romain. Les lettres
au moyen âge trouvent un refuge dans les cloîtres. Les
manuscrits naissent à l'ombre des abbayes. Nous devons
à ces grossières copies les œuvres de l'antiquité. Elles
nous sont encore précieuses à cause de leurs enlumi-
nures, à titre d'objets d'art et comme monuments d'une
époque disparue. Toutefois , grâce à l'ignorance des
copistes, une masse d'erreurs et d'incorrections se glis-
sèrent dans les manuscrits. Nous verrons Charlemagne
corriger lui-même les fautes grossières et rétablir la
ponctuation : « quia sœpe dum bene aliquid Deum
« rogare putant, per inemendatos libros male rogant. »
(807), et quatre siècles plus tard, en 1340, Pétrarque, in-
digné de telles sottises, s'écrie : « Comment pourrons-
« nous apporter quelque remède au mal que nous font
« les copistes qui par leur ignorance et leur paresse
« gâtent et ruinent tout ? c'est une punition qui est bien
« due à ce siècle fainéant, où l'on est plus jaloux d'a-
« voir de bons cuisiniers que de bons copistes. »

A cette époque, la question de savoir si l'auteur a
des droits ne se pose même pas. L'auteur du manuscrit
étant moine renonçait à toute espèce de propriété sur

l'œuvre originale ou reproduite au profit de la communauté, et, il faut bien le dire, nul ne songeait à la lui contester.

Toutefois la contrefaçon ne restait pas toujours impunie, si nous en croyons Jehan de Nostre-Dame; il raconte, en effet, d'après le Monge ou le Moine des Iles-d'or, qu'Albertet de Sisteron congédié de sa dame mourut de douleur à Tarascon, et « Qu'il bailla ses chansons à un sien amy et familier de Valeiras ou Valernas pour en faire un présent à la marquise (de Malespine), et qu'au lieu de ce faire il les vendit à Fabre d'Yves, poète lyrique se faisant ouir qu'il les avait dictées et composées, mais ayant été recogneues par plusieurs savants hommes au rapport qu'en feist le dict de Valeiras, le Fabre d'Yves fut pris et fustigué pour avoir injustement usurpé le labeur et les œuvres de ce poète tant renommé, suyvant la loy des empereurs. » (Nodier, *Littérature légale*).

La Gaule, bouleversée par tant de guerres extérieures et intestines, avait laissé s'éteindre le foyer de la science; ce fut le rôle de Charlemagne de le raviver (780). Il fut secondé dans cette œuvre de restauration par l'Anglo-Saxon Alcuin et d'autres personnages dont les noms sont passés à la postérité. Sous cette forte impulsion, les copistes se groupent en écoles, et les lettres prennent un nouvel essor. Les manuscrits plus corrects sont aussi plus curieux et mieux enluminés. L'école du palais, dirigée par Alcuin lui-même, sert de modèles aux autres. C'est l'époque où l'enseignement, jusque-là resté enfoui dans les monastères, se propage au dehors. Le clergé et les laïques le donnent concurremment. Dès lors, la li-

brairie, si l'on peut se servir de ce mot, devient une cor-
poration soumise au contrôle qu'exercent sur elle l'Eglise
et l'Université. Il serait trop long, quoique intéressant,
de parcourir les diverses phases de notre histoire pour y
voir les progrès des lettres et, par contre-coup, ceux de
la librairie.

Notons, toutefois, que, dès 1275, des statuts royaux
viennent régir la publication et la reproduction des livres,
mais uniquement dans les rapports du libraire et de
l'acheteur; toutefois la difficulté encore considérable de la
copie et le prix énorme des livres en apportant à la vente
de sérieuses entraves ne laissent pas de place au bénéfice
de l'auteur.

A cette époque, les libraires, confinés dans le quartier
de la Sorbonne, sont réduits à un nombre fixe, ils ont
des droits et des obligations. En 1275, le 8 décembre,
l'Université leur donne son premier statut, et, en 1323,
paraît un nouveau règlement plus étendu que le premier
qui, outre le serment, exige d'eux un cautionnement de
100 fr. Un autre statut, conçu dans le même esprit que
les précédents, fut publié le 6 octobre 1342. En 1485,
une déclaration exempte d'impôts les libraires de Paris :
« Voulons que lesdits vingt-quatre libraires d'icelle
« notre fille soient et demeurent perpétuellement et à
« toujours eulx et leurs successeurs francs, quittes et
« exempts de toutes tailles, impositions, quatriesmes,
« huictiesmes, aides de vins ou d'autres biens et fruits de
« leur creu ensemble des guets et gardes du port, comme
« les autres maistres, régens, écoliers, et supports de
« ladite Université, et qu'ils jouissent desdits privilèges

« d'icelle Université, tant et sy avant qu'ils en ont par y
« devant bien et deument joui et usé. »

Vers cette époque, Guttemberg et ses compagnons in-
ventent l'imprimerie à Mayence, et Louis XI, qui proté-
geait les lettres : « Ordonna de despecher à cette ville
« personnes entendues pour s'informer secretement de
« la taille des poinçons et caractères au moyen desquels
« se pouvaient multiplier par l'impression les plus rares
« manuscrits, pour en enlever subtilment l'invention. »
Nicolas Jenson, chargé de cette délicate mission, se garda
bien de la remplir, et préféra enrichir Venise de cette
invention « plus divine qu'humaine ».

La découverte de l'imprimerie donne un nouvel attrait
à l'étude des lettres, qui devient, selon l'expression d'un
contemporain : « plus ragoustante es beaux livres bien
« propres que es vieux parchemins enfumés. » Cette invention qui, selon un mot de Sieyes, a changé la face de
de l'Europe, fit tomber le prix des manuscrits et la main-
d'œuvre des copistes, ce qui fait dire à l'évêque d'Aleria :
« Maintenant, on peut acheter un volume moins cher que
ne coûtait autrefois sa reliure. » Aussi, les imprimeurs
furent-ils mal vus par les copistes, qui se déclarèrent
leurs ennemis. Une requête, présentée par les copistes
au Parlement, obtint gain de cause, et l'arrêt leur permit
de briser les presses et de détruire les éditions de leurs
adversaires. Louis XI retira cette affaire au Parlement
qui se montrait conservateur dans un très mauvais sens
pour l'évoquer à son conseil. On a prétendu que cette
décision du Parlement avait été fondée sur la crainte de
la sorcellerie. Ainsi, l'on trouve dans les origines de

l'imprimerie par Lambinet, page 285, le passage suivant :
« Ce tribunal, aussi superstitieux que le peuple, qui
prenait les imprimeurs pour des sorciers, etc. » Il est permis de croire cette assertion peu fondée : la haine des
innovations, l'amour raisonné de la routine qui en est la
conséquence, telles furent les mobiles qui inspirèrent au
Parlement cette funeste résolution.

L'imprimerie, sortie de cette lutte où elle avait failli
périr encore au berceau, fut bientôt en voie de progrès.
Au dire de M. Pelletier, peu de villes n'avaient pas leur
imprimerie, et cet « *art singulier* (1) » s'accrut dans des
proportions considérables.

Aussi, le 9 avril 1513, Louis XII déclara-t-il le corps
de l'imprimerie et de la librairie exempt d'un impôt de
30,000 livres, et, par cette ordonnance, il les déclare :
« *francs, quittes et exempts de tous péages, traverses.
chaussées, entrées et issues de ville ou autre subside
d'imposition quelconque tant par eau que par terre.* »
François Ier confirma ces privilèges par lettres du mois
d'avril 1515.

Cette marche progressive de l'imprimerie fut malheureusement entravée : d'un côté, la contrefaçon prati-
quée sur une large échelle décourageait les typographes
désireux de bien faire ; de l'autre, l'emploi immodéré
que l'on en fit pendant les luttes de la Réforme achevè-
rent de la discréditer ; employée comme arme offensive
et défensive par l'un et l'autre parti, elle fut soupçonnée et
maudite. Heureusement que, pour ce qui concerne la

(1) Marguerite de Valois.

première de ces deux causes, la déclaration rendue à Nantes, en 1563, par Charles IX, y porta remède : elle défend, en effet, aux libraires : *« D'imprimer aucune « composition de quelque chose qu'elle traite, sans « permission scellée du grand sceau de la chancelle. « rie, et ce sous peine d'être pendus et estranglés. »*

Ces prescriptions ne restèrent pas à l'état de lettre morte, car, le 3 août 1544, Etienne Dolet fut pendu et brûlé pour y avoir contrevenu. En 1560, Martin Lhomme, pour avoir publié un libelle diffamatoire et injurieux pour les Guises, fut pendu en place Maubert : « lieu commode et convenable, » est-il dit dans l'arrêt.

En 1584, un sieur Belleville fut pendu pour avoir mis en lumière un livre par lui composé contre le roi. Et, enfin, en 1610, Jarrige, Chelobin et Chapmartin subirent le même supplice pour des faits analogues, etc.

Inutile de dire que ce fut là une mesure politique dictée par les circonstances. Mais le roy, pour exercer cette censure universelle, n'en accordait pas moins à certaines personnes des *« privilèges »*, sortes de monopoles qui conférait tous les profits. Ainsi, près d'un siècle auparavant, Jehan de Spire obtenait du sénat vénitien, en 1469, un privilège de cinq ans pour l'impression des épitres de Cicéron, et, de même, en 1495, Alde en acquit un relativement aux œuvres d'Aristote. Ce privilège général, qui fut ainsi établi, est-il la reconnaissance du droit d'auteur ? Assurément non ; il en serait plutôt la négation, car ces privilèges pouvaient être accordés comme récompenses à des personnes qui n'étaient ni auteurs ni libraires. Ainsi, en 1597, Jean Galandius, professeur au collège de Roncourt, « *en considération de ses fidèles et agréables services,* » reçoit le privilège perpétuel des œuvres de Ronsard.

Voici, d'ailleurs, une nouvelle preuve que le droit d'auteur n'existait pas encore ; Joachim Perion traduisit en latin, et fit imprimer, vers 1540, *la Politica* d'Aristote. Un autre savant, sans son consentement, fit réimprimer, chez Vascosan, en 1552, sous le nom de Perion, la même traduction, revue et corrigée. Perion n'eut pas d'autre recours contre le reproducteur que de l'injurier dans une suite de pamphlets. La seule chose dont il se plaignit, c'est que l'autre avait eu l'insolence de le corriger. Toutefois, ces privilèges ont été la source de la propriété littéraire, car de la faveur faite à l'imprimeur au droit exclusif de l'auteur, il n'y avait qu'un pas. Ce pas sera long à faire, mais j'espère démontrer que, moins d'un siècle plus tard, il fut définitivement franchi.

Il semble que le nombre des privilèges eut dû diminuer à mesure que l'impression devenait moins coûteuse. Ils s'accrurent au contraire dans une proportion effrayante.

Vers 1665, la royauté veut avoir une action plus puissante sur la presse, et ne cède les livres nouveaux qu'aux seuls libraires de Paris. Elle leur concède sur tous un monopole exclusif ; dans le double but de s'assurer de leur obéissance, et de les faire triompher de la concurrence de la province. Cette dernière fit entendre d'inutile réclamations, et ne pouvant rien obtenir, se jeta à corps perdu dans la contrefaçon. Nouveau règlement en 1723 renouvelle la défense d'imprimer

faite à tous libraires autres que ceux de la bonne ville
de Paris. Un nouveau conflit s'engagea bientôt plus
sérieux que les autres ; voici dans quels termes : à
l'époque où parut ce règlement, les libraires de Paris
avaient, soit par acquisition, soit par transmission héré-
ditaire, la propriété de la plupart des livres publiés
depuis de longues années, et s'empressaient d'acquérir
les œuvres nouvelles. Les libraires de province, argu-
mentant des dispositions du règlement et profitant de
son silence, demandèrent à l'autorité de leur concéder
l'impression de certains ouvrages alors imprimés par
ceux de Paris. Effrayés par cette invasion de la province, les libraires de Paris chargèrent *Louis d'Héricourt*, célèbre canoniste, et l'un des plus savants avocats
au Parlement, de dresser un mémoire qui fut présenté
au garde des sceaux en 1825 sous ce titre : Question,
s'il serait juste et équitable d'accorder aux libraires de
province la permission d'imprimer les livres qui appartiennent aux libraires de Paris, par l'acquisition qu'ils
ont faite des manuscrits de l'auteur ? Pour prouver que
les libraires de Paris ont seuls le droit d'imprimer,
d'Héricourt développe les raisons suivantes : « L'auteur
« est propriétaire de son œuvre, et cette propriété
« est de tous points semblable à celle d'un meuble
« ou d'une terre ; *elle est donc ..rnétuelle* ; le
« libraire est le cessionnaire de l'auteur, il est donc
« investi de tous ses droits. D'où cette conséquence
« que le roi n'a pas plus le droit de refuser un privi-
« lège ou sa continuation, qu'il n'a le droit de dépouil-
« ler un de ses sujets d'une maison qu'il possède à

« titre légitime. » Comme on le voit, d'Héricourt, en défendant les libraires, défendit aussi la cause de la propriété littéraire. C'est à lui le premier que revient cet honneur !

Mais il ressort du tableau des faits qui se passèrent alors, tableau que nous venons de retracer, que la question de la propriété littéraire s'éleva d'une manière incidente et à titre d'argument. La question ne se pose pas d'auteur à éditeur, mais de libraire à libraire.

Quoiqu'il en soit, nous ne doutons pas qu'à partir de ce conflit, la propriété littéraire, restée jusqu'alors à l'état embryonnaire, n'ait commencé une vie indépendante de celle de la librairie. Jusqu'alors, le feu couvait sous la cendre. Le conflit de 1725 est le coup de vent qui a allumé le brasier. Du jour, en effet, où entre plusieurs personnes, se disputant les droits que l'on peut avoir sur un ouvrage, on en préférait une, cette question devait forcément et fatalement se poser : l'auteur a-t-il un droit sur son ouvrage ? Et quel peut en être le fondement ? quelle en est la nature ? Questions majeures qui ne sont pas encore toutes tranchées aujourd'hui. Et maintenant que nous avons vu la propriété littéraire à son berceau, suivons pas à pas son enfance et son développement successif.

La tentative des libraires de province avorta, paraît-il, mais l'élan était donné, et rien désormais ne pouvait plus l'enrayer. Je n'en veux d'autre exemple que le procès des demoiselles de La Fontaine. Celui qui avait dit :

> Jean s'en alla comme il était venu,
> Mangeant le fonds avec le revenu.

avait vendu tous ses droits à Barbin, et pendant soixante-
six ans, les héritiers ou les cessionnaires de ce dernier furent seuls éditeurs du fabuliste. Les petites-filles
du Bonhomme réclamèrent auprès du roi par ce motif que
le privilège primitif était expiré. Le roi leur accorda un
privilège nouveau : « attendu que les ouvrages de leur
aïeul leur appartenaient naturellement par droit d'hérédité. » Nous voyons là la propriété littéraire hautement
reconnue envers et contre tous. Un arrêt du conseil du
14 septembre 1761 débouta les libraires de l'opposition
qu'ils avaient formée. On se pourvut devant le Parlement, et par sa décision les demoiselles de La Fontaine
perdirent leur procès, par cette raison qu'on ne pouvait
leur reconnaître une propriété que leur auteur avait
aliénée. Mais ceci ne contredit en rien ce que je veux
prouver, à savoir qu'à cette époque et avant les arrêts de
1777 la propriété littéraire avait déjà fait des progrès
énormes.

Nous en trouvons la trace dans un mémoire intitulé :
Représentations adressées à M. de Sartine, directeur
général de la librairie et de l'imprimerie. Le droit des
auteurs y est solidement défendu comme chose existante,
consacrée par l'usage et les arrêts : « Quel est le bien
« qui puisse appartenir à l'homme si un ouvrage d'esprit,
« le fruit unique de son éducation, de ses études, de ses
« veilles, de son temps, de ses recherches, de ses obser-
« vations, si ses belles heures, les plus beaux moments de
« sa vie, si ses propres pensées, les sentiments de son
« cœur, la portion de lui-même la plus précieuse, celle qui
« ne périt point, celle qui l'immortalise, ne lui appartient

« pas ? » et plus loin : « On sait bien que l'abeille ne fait
« pas le miel pour elle, mais l'homme a-t-il le droit d'en
« user avec son semblable comme il en use avec l'insecte
« qui fait le miel? L'auteur est donc maître de son ou-
« vrage, ou personne dans la société n'est maître de son
« bien ; le libraire le possède comme il était possédé par
« l'auteur ; il a donc le droit incontestable d'en tirer tel
« parti qui lui convient par des éditions réitérées, et il
« serait aussi peu raisonnable de l'en empêcher que de
« condamner un agriculteur à laisser son terrain en friche
« ou un propriétaire de maison à en laisser les apparte-
« ments vides. »

Cela résulte encore à n'en pas douter du rapport pro-
noncé en 1778 par M. l'avocat général Seguier :

« Nous ne pouvons cependant vous le dissimuler, dit-
« il, l'usage a prévalu, et la véracité de notre ministère
« nous oblige à avouer que la transmission de la pro-
« priété de la main de l'auteur dans celle de l'impri-
« meur ou du libraire est au moins reconnue depuis le
« siècle dernier (nous sommes en 1778). » Par suite
« de cette propriété reconnue, les manuscrits sont de-
« venus des effets commerçables comme une terre, un
« meuble, une maison ; ils sont passés des pères aux en-
« fants, avec le privilège qui en était l'accessoire. Ils
« ont été donnés en dot, ils ont été vendus, cédés, trans-
« portés. »

D'ailleurs, même avant le plaidoyer de d'Héricourt,
les auteurs ayant conscience de leurs droits commen-
çaient à se plaindre. C'est ainsi qu'en 1720 on vit courir un pamphlet intitulé : *Mémoire sur les vexations*

qu'exercent les libraires, de Paris (1), et dont, à cause
de son importance, on me permettra de citer quelques
lignes : « C'est en vain, dit ce libelle, que pour se redi-
« mer de la vexation des libraires quelques auteurs ont
« pris le parti de faire les frais de l'impression et de ven-
« dre eux-mêmes, rien n'était plus juste. L'imprimeur était
« d'abord payé de ses mises et de sa peine, et il n'était pas
« à craindre qu'il fît trop bon marché à l'auteur. Cepen-
« dant les libraires n'ont pu le souffrir, ils ont envié aux
« auteurs la récompense de leurs travaux. » Ces plaintes
se renouvelèrent. Voltaire écrivait en 1769 à un ami :
« M. le doyen du Parlement de Bourgogne veut bien
« me vendre, tous les ans, un peu de son bon vin, sans
« que les cabaretiers lui aient jamais fait de procès. Pour
« les gens de lettres, c'est une autre affaire, il faut qu'ils
« soient écrasés, attendu qu'ils ne font point corps et
« qu'ils ne sont que des membres très épars. »

Ces citations s'appuient sur les nombreux procès
qui nous sont parvenus et font bien voir qu'à cette époque le droit des auteurs était une propriété véritable,
reonnue par l'usage, défendue en fait et en droit.

Cette jurisprudence trouve sa dernière expression
dans une décision du conseil du roi du 20 mars 1777.
Elle fait rentrer dans la famille de Fénélon le privilège
accordé sur les œuvres du « Cygne de Cambrai », et déclare que les continuations de privilège ne pourront être
désormais concédées aux libraires qu'avec l'agrément des
héritiers.

(1) Les pamphlets étaient chose commune au XVIIIᵉ siècle. On s'en
servait pour toutes les causes et pour répondre à tous les besoins.
Voyez à ce sujet la monographie que j'ai publiée sur le *Bâtonnat*.

Arrêts de 1777.

Mais en 1777 la scène change; dans la lutte entamée entre les libraires et les auteurs, le gouvernement prend parti pour ces derniers et fait du droit des auteurs un privilège royal dont l'administration dispose à son gré.

C'est ainsi que nous trouvons dans le préambule du 5° arrêt une proposition bien faite pour nous éclairer sur la portée de la réforme qu'ils consacrent : « Sa Majesté a reconnu que le privilège en librairie est *une grâce fondée en justice*....... que la perfection de l'ouvrage exige qu'on laisse jouir le libraire pendant la vie de l'auteur avec lequel il a traité, mais qu'accorder un plus long terme ce serait transformer *une jouissance de grâce* en une propriété de droit ; » et plus loin : « Sa Majesté a pensé qu'une jouissance limitée mais certaine est préférable à une *jouissance indéfinie* mais illusoire.

Qu'est-ce qui motive ces arrêts ? Si l'on en croyait le libraire Le Clerc, le directeur de la librairie Camus de Neuville eut été poussé par le désir peu délicat de créer à la direction de la librairie des ressources plus lucratives. Il est permis de croire que ces arrêts sont dus à cette manie de réglementer qui dans l'ancien régime avait abouti à une législation aussi disparate que compliquée. Mais avant de rapporter quelle fut dans l'opinion publique l'impression causée par ces arrêts, que l'on nous permette d'insister quelques instants sur une erreur soutenue par certains auteurs. On a prétendu qu'au XVIII° siècle la propriété littéraire n'avait jamais existé, et que l'on ne connaissait pas plus le nom que la chose. Pour prouver cette allégation on tire argument des arrêts de 1777, en disant : Voilà le dernier mot de l'ancienne législation qui consacre en droit les concessions arbitraires de privilèges. Nous avons déjà fait voir la fausseté de ce système et montré que les arrêts de 1777 ne furent pas la consécration de la pratique mais le renversement complet des règles usitées jusqu'alors.

Ces arrêts du Conseil si peu justifiés excitèrent un tollé universel. Les veuves des libraires, l'Université adressèrent de vives mais inutiles réclamations au garde des sceaux. Les arrêts durent être exécutés, et on employa, paraît-il, la force à cette fin. C'est ainsi que Gabriel de Bure, adjoint en charge de la librairie, fut enlevé et jeté à la Bastille, le 23 janvier 1778, pour avoir refusé d'estampiller les livres contrefaits. Les libraires employèrent les voies de recours qui leur étaient ouvertes, et une requête signée de l'avocat Cochut, appuyée d'une consultation des avocats au parlement (23 septembre 1777), l'autre des avocats en conseil (9 janvier 1778), fut présentée au roi : « S'il y a une propriété sacrée, évidente, « incontestable, y est-il dit, c'est sans doute celles des au- « teurs sur leurs ouvrages. Les productions littéraires sont « le fruit de leurs veilles, ce sont eux qui leur donnent « l'être, ils en sont les créateurs, ce sont les enfants de « leur talent. » De même, Linguet, avocat et publiciste, prend hautement la défense des auteurs. Enfin, trois lettres de l'abbé Pluquet viennent à l'appui d'une cause si juste, si noble, et si malheureuse. Tant de réclamations eurent pour effet de décider M. de Miromesnil à soumettre la question à l'Académie française. Le parti rétrograde trouva des organes dans La Harpe, l'abbé Arnaud et d'autres. De Montazet, d'Alembert, Marmontel, de,

Brequigny, etc., se firent l'écho des auteurs. L'Académie sur les conclusions de Suard, rapporteur de la commission, prit un mezzo-termine, elle refusa de trancher le fond du débat, et demanda l'amélioration du sort des auteurs, qui lui paraît plus intéressant que celui des libraires. Aussi, le 30 juillet 1778 un arrêt fut-il rendu conférant à l'auteur une véritable propriété. Voici le texte de l'article 2 : *Tout auteur qui aura obtenu en son nom privilège de son ouvrage, non seulement pourra le vendre chez lui mais il pourra encore, autant de fois qu'il le voudra, faire imprimer pour son compte son ouvrage par tel libraire qu'il aura choisi sans que les traités ou conventions qu'il fera pour imprimer ou débiter une édition de son ouvrage puissent être réputés cessions de privilèges.*

Ce moyen terme, on le comprend, n'était pas fait pour satisfaire les libraires. Aussi leurs plaintes furent-elles amères, si l'on en juge par les plaintes adressées à M. D... par le libraire Le Clerc: « Mon portefeuille, dit-il à M. de Neville, renferme un ouvrage que j'ai composé longtemps avant que vous fussiez dans la magistrature, et peut-être pendant que vous veilliez pour bien faire filer et teindre les laines qui composaient les draps de Monsieur votre père ; vous n'avez donc aucun droit de copropriété sur mon ouvrage.... Si vous voulez en partager avec moi les fruits, il faut que je partage avec vous le profit des draps que vous faisiez fabriquer à Louviers pendant que je composais mon ouvrage à Paris. »

Ces révoltes finirent par émouvoir le Parlement, devant qui l'avocat général Seguier produisit un compte rendu fort remarquable. Mais il ne changea pas, et ne pouvait pas changer la situation.

Il semble que la Révolution française, qui s'était donnée pour mission de passer le niveau sur les hommes et sur les choses, d'inaugurer une ère de régénération et de liberté, eut dû, pour rester fidèle à son programme, proclamer et assurer la propriété littéraire. Mais le droit des auteurs se présentait à elle sous les dehors d'un privilège, c'en était assez pour le proscrire sur l'étiquette. Nous ne voulons pas insister sur l'histoire écœurante de la librairie et de l'imprimerie à cette époque. Notons au vol dans la déclaration des droits de l'homme, la proclamation du principe de la liberté de la presse. « La libre communication des pensées et des opinions « est un droit des plus précieux de l'homme, » y est-il dit. Ceci nous amène au rapport de Lakanal et au décret qui le suivit ; cette loi était, avant celle de 1866, la pierre angulaire sur laquelle reposait notre législation, elle a été appelée l'*acte de naissance de la propriété littéraire*. On peut juger par le passage suivant du style ronflant du rapport, et de l'esprit très louable qu'il cache. « Le génie a-t-il ordonné dans le silence un ou- « vrage qui recule les bornes des connaissances humai- « nes, des pirates littéraires s'en emparent aussitôt, et « l'auteur ne marche à l'immortalité qu'à travers les hor- « reurs de la misère. Citoyens ! la postérité du grand « Corneille s'est éteinte dans l'indigence ! » Cette décla- ration des lois de l'intelligence, comme l'appelle pompeu- sement Lakanal, consacre pour les auteurs, et leurs ayant droits, un droit limité à la vie de l'auteur et aux dix années qui suivront son décès, et cela non pas en vertu d'une permission de l'auteur, mais de par la loi.

Nous arrivons ainsi au commencement de ce siècle, les lois qui régissent notre matière deviennent plus libérales, trop, disent les uns, pas assez, prétendent avec raison les autres ; aucune ne tranche définitivement ce nœud indissoluble, « *adhuc sub judice lis est.* »

Voici la filière des décisions intervenues depuis sur la matière :

1° Décret du 5 février 1810 contenant règlement sur l'imprimerie et sur la librairie. Par ce décret Napoléon étend à 20 ans la jouissance des enfants et consacre le droit de la veuve, pour le cas où elle serait en communauté avec l'écrivain.

Projet de loi en 1823 tendant à étendre à 50 ans le droit des héritiers.

En 1841 projet de loi concluant de la même manière.

Loi du 3 août 1844 relative aux droits des veuves et enfants des auteurs dramatiques.

Décret du 28 mars 1852 qui pose et reconnaît le droit international de propriété littéraire, etc.

2° Loi du 18 avril 1854, loi « d'urgence et qui ne préjuge rien quant aux principes, » assure aux enfants des compositeurs, auteurs et artistes, un monopole de 30 ans.

Congrès de Bruxelles (avec un programme bien séduisant qui ne fut pas exécuté), 1858.

Commission de 1861, présidée par M. Walewski, accomplit des travaux fort remarquables qui eurent un certain contre-coup sur la destinée de la propriété littéraire en Italie (loi de 1865).

3° Enfin, loi du 14 juillet 1866, qui, si elle est la dernière dans l'ordre chronologique, mérite à mes yeux la première place dans l'ordre économique.

Congrès de 1878, réuni sur l'intelligente initiative des défenseurs de la propriété littéraire. Les promoteurs unissent leurs travaux et leurs efforts pour arriver à la solution des grandes questions de la propriété littéraire.

2° De la propriété en matière de compositions musicales et dramatiques.

Dès le temps de la première race de nos rois, il est fait mention des Histrions, Farceurs et Bateleurs dont les jeux tolérés pendant longtemps devinrent si obscènes que Charlemagne fut obligé de les proscrire par une ordonnance de 780. Mais comme il fallait des spectacles au peuple toujours très avide de ces sortes de chose, on lui en chercha dans le sein de l'Eglise.

Les sujets étaient tirés de l'Ecriture Sainte et les acteurs des pèlerins de Jérusalem. Quand le peuple fut fatigué on lui joua des « *sottises* » ou des folies. Elles furent mises en honneur par les clercs de la Bazoche, qui reçurent défenses de les mêler aux sujets religieux. Nous n'avons alors aucune notion du droit d'auteur, nous trouvons seulement des gratifications. François Ier, ami des lettres, fit donner 60 livres aux acteurs revenant ainsi au temps où, à Rome et Athènes, d'Eschyle à Térence, on récompensait les poètes dramatiques en couronnes et sesterces.

Des lettres patentes de 1559 assurent aux comédiens certaines prérogatives et privilèges. En 1743 ils reçurent du Roi 60,000 livres. En 1744, dix mille, en 1736 une pension de 30,000 fr. etc. Le droit d'auteur apparut ici à la même époque que pour la propriété littéraire. Toutefois, si pour cette dernière il nous a été facile de nous procurer des preuves du mouvement qui se produisit dans les idées, ici les traces en sont moins accusées et l'on a plus de peine à les retrouver. Cela s'explique dans une certaine mesure, la littérature est depuis longtemps en honneur en France, l'art dramatique, au contraire, y est moins cultivé et son mécanisme presque enfantin semble ignorer les admirables perfectionnements qu'on lui connaît aujourd'hui. Tout le monde sait que Molière jouait ses pièces devant des chandelles. On avait peu d'intérêt à s'occuper des compositeurs tandis qu'il fallait compter avec les écrivains. Il est cependant facile de retrouver l'empreinte laissée dans les documents législatifs par les règles de la pratique: c'est ainsi qu'un arrêt du conseil du Roi du 12 janvier 1759 portant règlement sur les comédiens du roi, décide dans son article 14: « que la part d'auteur sera de un neuvième pour les pièces en cinq actes, de un dixième pour les pièces en trois actes, de un dix-huitième pour les pièces en un acte, avec entrée libre leur vie durant. » Toutefois, feu M. de Crébillon, disent les auteurs de cette époque, ne pouvait toucher ce qui lui revenait de sa part d'auteur pour ces vingt représentations de sa tragédie de *Catilina* (attendue depuis si longtemps), parce que ses créanciers avaient assigné les comédiens pour la toucher. Le roi, à qui l'on rendit compte de ce fait, fit publier des lettres-patentes déclarant les parts d'auteur insaisissables.

En 1761 un arrêt du Parlement déclare la nullité de la demande du neuvième des auteurs passé le temps de prescription.

Un autre arrêt (30 mars 1776) accorde aux auteurs dramatiques, etc., certains privilèges ; l'article 19 établit des gratifications pour l'auteur : 200 livres pour les vingt premières représentations, pour les dix suivantes 150 livres et 100 livres pour les autres : « Veut Sa Majesté que l'édition du poème appartienne à l'auteur pour la première mise au théâtre, seulement à la charge par lui d'en fournir 500 exemplaires à l'Opéra.

Nous trouvons un peu plus loin cette phrase remarquable : « A l'égard de ladite Académie (Royale de Musique), pour les anciens poèmes dont les paroles lui appartiennent, n'entend Sa Majesté que le présent arrêt soit applicable, sauf, etc. »

Arrêt de 1784 confirme les précédents : l'édition du poème appartient à l'auteur, qui peut, si cela lui convient, mettre un timbre ou sa signature sur chaque exemplaire. Ces derniers arrêts sont applicables au compositeur, et des prix leur sont offerts.

Enfin, décret de 1791 qui, encore ici, a le mérite de régénérer la matière, accorde à l'auteur le droit de permettre la représentation pendant sa vie, et à ses héritiers pendant 5 ans après sa mort.

2° De la propriété artistique.

Si le droit d'auteur, qui était nettement défini pour

la propriété littéraire, est devenu plus confus pour la propriété dramatique et musicale ; ici il n'existe pour ainsi dire plus. Ainsi, nous ne trouvons parmi les dispositions législatives de notre ancien droit, que deux arrêts qui soient un peu saillants. L'un est de 1787 et l'autre de 1774 ; ils défendent expressément d'imiter les dessins des étoffes de soie et de les reproduire sans le consentement de l'auteur. L'article 5 de l'arrêt de 1787 donne aux inventeurs la faculté de constater d'une manière sûre et invariable leur propriété, par le dépôt d'une esquisse au bureau de la communauté ; l'arrêt a pour but d'exciter de plus en plus les talents par une jouissance exclusive, proportionnée dans sa durée aux faits et mérites de l'invention.

Comme on le voit, il y a là une protection accordée contre la contrefaçon. Nous trouvons même jusqu'à un certain point la reconnaissance du droit d'auteur, « jouissance exclusive », mais il ne faut pas oublier que nous sommes en 1787.

La loi de 93 assimile purement et simplement aux auteurs d'écrits, les peintres et dessinateurs ; elle innove ainsi d'une manière heureuse, et crée une nouvelle propriété, la propriété artistique.

TROISIÈME PARTIE

PREMIÈRE SECTION

Etude critique de la loi de 1866.

Pour mieux comprendre la portée de la réforme introduite par la loi nouvelle, il est utile de jeter un coup d'œil sur le passé. Le décret du 5 février 1810, contenant règlement sur l'imprimerie et la librairie : 1° accorde ce qui n'avait jamais été fait avant lui, « un droit de propriété, » à la veuve pendant sa vie, si les conventions matrimoniales lui en donnent le droit (art. 39) ; 2° il distingue entre les enfants et les autres héritiers, pour ces derniers le droit antérieur subsiste (10 ans), pour les autres, une prolongation est accordée, désormais le délai sera de 20 ans : le droit des enfants ne commence à courir que du jour de décès de la veuve, sans quoi celle-ci ne pourrait jouir du droit qui lui est accordé.

La loi du 8 août 1844 rend cette législation applicable aux veuves et enfants des auteurs dramatiques (1), et enfin, la loi du 15 avril 1854 porte à 30 ans le délai antérieurement accordé aux enfants.

C'est en présence de cette situation que s'est trouvé le législateur de 1866. Trancher la question de principe, et créer en quelque sorte un code de la propriété littéraire, tel fut le double progrès qu'on se promit. Ce résultat, la loi de 1866 ne l'a pas atteint, elle n'a même pas cherché à le réaliser. Les paroles du rapporteur me le prouvent : « le premier mérite à mes yeux de l'article 1er, dit-il, c'est qu'il ne tranche pas la question de principe, il la laisse au contraire subsister toute entière, » La lecture des comptes rendus des séances où fut traitée cette question, nous apprend en effet que la Chambre des députés comptait dans son sein un parti nombreux

(1) Sur la proposition de MM. Vivien et Blanc.

favorable à la perpétuité. Le gouvernement proposait d'augmenter le délai accordé aux héritiers des auteurs. Fallait-il refuser avec hauteur? On a préféré accepter l'obole, mais à titre d'à-compte et en attendant mieux. Puis tous s'en sont allés, les uns heureux d'avoir gagné leur cause, les autres mécontents d'un échec que ne pouvaient déguiser les apparences, et espérant prendre plus tard une éclatante revanche. M. de Lamartine disait, en 1841 : « Un jour peut-être le temps viendra où la propriété littéraire sera reconnue comme celle d'un meuble ou d'une maison. » La loi de 1866 est une preuve que l'heure du triomphe n'a pas encore sonné.

Les députés étaient réunis pour faire une loi sur la propriété littéraire, et le principe leur a fait oublier les détails. On discuta, certes, noblement et avec éloquence. Les orateurs planèrent dans des hauteurs où nul n'a jamais pu les suivre, et, sans contredit, c'est une des plus belles pages du *Journal officiel*, que celles où furent consignés ces immortels discours. Pour adopter le délai de 50 ans, l'accord avait été si difficile que l'on n'osa recommencer la lutte, et que l'on fut heureux de quitter un champ de bataille si dangereux par une honorable retraite.

Qui ne fut pas content? ce fut le monde des auteurs, la phalange des artistes, l'immortelle cohorte des maîtres dans tous les genres. De là des critiques nombreuses toujours mordantes, souvent méritées, que nul n'a songé à relever publiquement, parce qu'au fond chacun les approuve. La loi de 1866 statue pour les divers ordres de successibles. Afin d'être logique, nous sommes forcés d'en suivre de près les dispositions, et pour plus de clarté, en tête du commentaire nous placerons toujours le texte.

Durée du droit accordé aux héritiers.

Le 1er alinéa de l'article 1er est ainsi conçu : « *La durée accordée par les lois antérieures aux héritiers, successeurs irréguliers, donataires ou légataires des auteurs, compositeurs ou artistes est portée à 50 ans à partir du décès de l'auteur.* »

On a critiqué ce délai ; trop court disent les uns, trop long prétendent les autres. Le délai de cent ans, asssure-t-on, eut satisfait toutes les exigences ; c'est à cette durée que furent réduits les baux emphythéotiques ; c'eut été de tous points un terme convenable. Que prouvent ces hésitations et ces discordes, sinon le peu d'unité qui règne parmi les partisans du système mixte dont la loi de 1866 a momentanément assuré le triomphe ?

Il ne faudrait pas croire, en effet, que grâce aux dispositions de la loi nouvelle, l'intérêt des héritiers est amplement sauvegardé. Il le sera dans le cas où l'auteur prédécédé ne laisse pas de conjoint survivant. Il pourra ne pas l'être dans le cas contraire, car alors grâce à sa jouissance, il est possible que le conjoint absorbe tous les profits, ce qui faisait dire à M. Jules Simon, *l'avantage de cette disposition est beaucoup moins l'augmentation que la fixité.* Les auteurs sont les pre-

miers à subir le contre coup de ce partage aléatoire.
Lorsqu'ils consentent la cession de leurs ouvrages, les
libraires ne manquent pas d'escompter toutes les chances, et savent en tirer de larges profits.

On a, toutefois, fait remarquer que l'effet de la législation antérieure n'était pas moins désastreux. Le droit
des héritiers étant suspendu pendant la vie du conjoint,
la même incertitude paraît sur la durée du droit d'auteur. Les mêmes difficultés grevaient la cession par lui
consentie, le libraire ayant toujours soin de s'informer
si l'auteur était ou non marié, de s'enquérir de l'âge de
sa femme, etc., notre législation empruntant ainsi à l'ancienne Rome ses *« lois caducaires. »*

I. — Ordre des descendants.

1" Cas. Le droit de copie se trouve encore dans la succession de l'auteur.

1° *Quels descendants peuvent se prévaloir des
dispositions de la loi de 1866 ?*

La loi nouvelle a sur ce point l'avantage de trancher
une controverse qui s'agitait avant elle. Certains auteurs (1) pensaient : que les petits-enfants n'étaient
point compris dans l'expression *enfants* dont se servait
l'article 39 de la loi, et qu'ils restaient par conséquent
sous l'empire de 1793 (10 ans). On faisait valoir dans
un système opposé que la loi statuait sur le plerumque
fit, que si elle s'était servie du mot « *enfants* », ce terme

(1) M. Blanc, *de la Contrefaçon*, p. 376.

avait été pris par elle dans son acception large et générique, et non pas dans un sens grammatical et restreint. Ce raisonnement très sage le paraît encore plus quand on songe qu'il y a dans le Code civil nombre d'articles où le mot « *enfants* » est incontestablement pris comme synonyme de « *descendants* ». Les termes généraux dont se sert la loi nouvelle « *les héritiers* » mettent ainsi fin à une controverse hors de saison. Au contraire, les enfants que la veuve aurait eus d'un premier lit n'ont aucun droit de propriété (sauf la part de leur mère en communauté, part à laquelle ils succèderont plus tard), puisque la loi nouvelle nous dit en toutes lettres : « Les droits des héritiers à réserve et des autres héri-« tiers ou successeurs, restent d'ailleurs réglés confor-« mément aux prescriptions du Code Napoléon. » Or, le Code civil ne leur donne aucun droit sur la succession du mari (parâtre).

« *Aux héritiers, donataires ou légataires des auteurs. (1er alinéa)... : .... Le droit est dévolu à l'état sans préjudice des droits des créanciers et de l'exécution des traités de cession consentis par l'auteur ou ses représentants.* » (5e alinéa)...

Ces deux dispositions de la loi nouvelle combinées tranchent ainsi une controverse bien autrement importante qui s'agitait sous l'empire du décret de 1810. La propriété vicennale s'éteignait-elle avec la descendance directe, ou subsistait-elle, au contraire, au profit du collatéral qui avait recueilli la succession ? Exemple : le fils de l'auteur décédait cinq ans après la mort de son père et ne laissait pour lui succéder qu'un collatéral, c'est-à-dire un parent dont le droit était simplement décennal.

Un auteur dont le nom fait autorité raisonnait de la manière suivante : D'après la loi de 1793, le monopole assuré aux héritiers est de dix ans *à partir du décès de l'auteur*. Telle est la règle : une exception y est faite, il est vrai, une seule, en faveur des *descendants*. Mais ici, puisqu'il s'agit de *collatéraux*, nous sommes en dehors de l'exception, et nous retombons fatalement sous l'application de la règle.

Si grave que soit l'autorité de M. Renouard, son raisonnement ne saurait nous séduire. Des principes généraux en matière de succession il résulte, qu'il n'est pas nécessaire pour succéder d'avoir une vocation personnelle à la succession transmise. Or, le système contraire, par la distinction arbitraire qu'il crée entre les descendants et les collatéraux, par la vocation qu'il reconnaît aux uns, qu'il refuse aux autres, aboutit directement à cette fausse solution. Cette interprétation judaïque est d'ailleurs trop contraire à l'esprit de la loi, qui en visant ceux-ci dans son texte n'a certainement pas voulu exclure ceux-là.

Quoiqu'il en soit, je le répète, la loi de 1866 ne permet plus de semblables conjectures, et l'on doit forcément admettre sous son empire, que le droit d'auteur, loin d'être éteint, subsiste pendant cinquante ans, au profit de tous les héritiers, de quelque classe qu'ils puissent être.

Du partage et des conditions dans lesquelles il a lieu.

Aux termes de l'article 815 : « *Nul ne peut être contraint à demeurer dans l'indivision.* » Par application de ce principe, les héritiers pourront procéder au partage. Ils ont pour cela un double parti à prendre : Mettre le droit de copie de l'un d'entre eux, ou le vendre à un tiers. Ce dernier procédé sera le seul possible dans le cas où le droit de copie est l'unique bien qui se retrouve dans la succession.

Rescision du partage. — Grâce au côté forcément aléatoire qui le caractérise et aux difficultés d'estimation, le partage des droits d'auteurs sera souvent très difficile. Aussi les inégalités, les injustices et les erreurs seront-elles fréquentes. C'est dire : qu'il faut, sans hésitation aucune, admettre la rescision du partage en cas de lésion de plus du quart.

1° La loi de 1866, en effet, comme toutes celles qui l'ont précédées, ne statue que sur des points particuliers ; toutes les fois qu'elle garde le silence, il faut s'en référer au principe du Code civil.

2° Les motifs qui ont fait admettre la rescision pour lésion de plus du quart se retrouvent ici, avec plus de force s'il est possible. Supprimer en effet l'extension des règles du Code civil sur ce point, ce serait enlever aux articles 887 et suivants un de leurs plus vastes terrains d'application. Cette extension nous est en outre commandée par le caractère spécial du droit de copie qui produira plus ou moins d'argent, selon que le public aura été plus ou moins fantasque et capricieux. Il se peut, en effet, qu'un ouvrage estimé fort cher ne rapporte que peu de chose, et qu'un autre évalué très bas à l'époque du partage, devienne ensuite à la mode, et rapporte cent fois le chiffre de revenu qu'on le supposait devoir produire.

Par analogie j'appliquerais encore les articles 884 du Code civil. L'héritier aura donc à son choix l'action en garantie ou l'action en rescision du partage, actions qui diffèrent profondément. Mais pour que ce choix puisse s'exercer, il va sans dire qu'il faut que l'héritier ait subi une *éviction* qui lui cause un préjudice de plus du quart.

Effet du partage. — Nous pensons avec M. Renouard, que les héritiers acquièrent au décès de l'auteur une propriété transmissible suivant les règles générales des successions. Ils pourront donc régler la publication de l'ouvrage, en consentir la donation ou la cession, etc., en avoir, en un mot, la disposition et le libre exercice pourvu qu'ils ne portent pas atteinte aux intérêts supérieurs de la société, en remaniant l'œuvre ou en la faisant disparaître.

2ᵉ Cas. Le droit de copie a été aliéné par l'auteur.

1° En faveur de son conjoint.

Comme cette première hypothèse se relie intimément à l'étude du droit de jouissance, nous en renvoyons l'examen à plus tard.

2° En faveur d'un tiers. — De la Réduction.

L'auteur peut, soit de son vivant, soit par testament, disposer du droit de copie en faveur d'un tiers. Cette faculté qu'on doit forcément lui reconnaître a fourni des armes à nos adversaires contre le système de la perpétuité. Quel est, dit-on, le rôle séduisant et utile du système que vous préconisez, sinon le fait d'assurer aux héritiers malheureux de l'auteur, des secours qui leur permettent de porter honorablement le nom illustre qui leur est transmis ? Or, ce résultat pleinement désirable, vous ne l'atteignez pas. L'auteur peut aliéner son œuvre, et la protection dont vous entourez ses héritiers est impuissante à les soustraire aux tristes épreuves de l'indigence.

L'objection est pressante, on peut cependant y répondre. N'est-il pas juste que lorsqu'un hommme a, par son travail, acquis une terre ou une maison, ceux auquels la loi la destine, soient précisément ceux qui sont attachés à l'auteur par les liens les plus étroits de l'affection et du sang? Or, de même que tout père peut écarter ses enfants, et léguer à un étranger la maison ou la terre de famille, l'auteur pourra faire entrer son livre dans une famille étrangère au détriment de celle où il aurait toujours dû rester. Mais pour quelques cas heureusement rares où s'exercera cette sévère punition, pourquoi, dans une foule de circonstances, priver les enfants de la plus équitable et de la plus légitime récompense ?

Toutefois, si l'auteur, méconnaissant les devoirs les

mieux tracés de la nature, se sert de la faculté qu'on lui laisse pour spolier une famille dont il n'avait reçu que des consolations, va-t-on pouvoir faire réduire cette impardonnable libéralité jusqu'à la concurrence de la réserve établie par le Code civil? Telle est la question qui se pose.

Dans une première opinion, on pense que la réserve ne doit point s'exercer ici. D'une part, on se trouve en présence de difficultés d'application qui seront toujours considérables, les produits du droit de copie sont aléatoires et indéfinis; comment pourra-t-on en calculer le tiers et le quart, etc.? Cette réduction sera donc impossible en pratique. Mais à supposer qu'elle se pût faire, serait-il à désirer qu'elle se fît? Si tel ami d'enfance, compagnon des épreuves et des gloires littéraires de l'auteur, si tel parent, plus éloigné peut-être par le lien du sang, mais beaucoup plus rapproché de l'auteur par ses talents et ses connaissances, s'acquittent mieux que les héritiers directs de ce devoir envers sa mémoire, pourquoi les proscrire?

On insiste enfin sur les évènements graves qu'entraînerait un système contraire confiant un ouvrage important aux mains dangereuses d'un ignorant : « le hasard, « dit-on, ne fera-t-il pas tomber la succession d'un « Bossuet ou d'un Bourdaloue entre les mains d'un in- « crédule, ou l'héritier d'un nouveau Voltaire n'appar- « tiendra-t-il pas à l'ordre des jésuites? »

Ces considérations, si graves qu'elles paraissent au premier abord, ne sont pas de nature à pouvoir nous séduire. L'œuvre peut tomber aux mains d'héritiers ignorants ou prévenus, dit-on. Ce résultat est possible. Il n'est pas dangereux, avec la rapidité des modes de publication de notre époque et la vulgarisation de toutes les œuvres. Ce que l'on pouvait redouter autrefois, n'est plus à craindre aujourd'hui. Mais l'auteur avait des amis plus intelligents et plus capables! Plutus et Minerve marchent-ils toujours de front? et depuis quand la fortune est-elle l'apanage forcé et invariable de l'intelligence? Si l'ignorance est une cause d'incompatibilité morale et littéraire, ce n'est pas encore une cause d'indignité reconnue par les lois! La seconde objection, quoique plus sérieuse, n'est cependant pas décisive, car l'estimation de l'œuvre peut être un problème difficile mais pas insoluble, et les circonstances de fait aideront souvent à le résoudre. Je ne ne nie pas qu'il n'y ait là un inconvénient inhérent à notre système, mais celui que je combats aboutit à des résultats bien plus désastreux. Que l'on suppose, en effet, un auteur n'ayant d'autre patrimoine que l'intelligence que Dieu lui a départie et qui à force de travail et de talent fasse une œuvre qui est pour lui une source de bénéfices. Si cet auteur plus jaloux d'assurer sa gloire que de fonder la la fortune de ses enfants, les déshérite, voilà une famille ruinée de fond en comble, et dont la fortune était sauvegardée par nos soins. Pareille chose est inadmissible!

Des exécuteurs testamentaires. Emu de cette situation faite aux réservataires, et justement préoccupé des intérêts sacrés de l'auteur, un éminent jurisconsulte,

dont le nom fait autorité en cette matière, M. Nion, a cru
assurer l'une et servir les autres par une distinction qui
au premier abord parait très sage: liberté complète pour
l'auteur quant à la disposition de son manuscrit en tant
qu'ouvrage ; application non moins complète des principes de la réserve ; par conséquent, droit des enfants sur
l'ouvrage en tant que source de revenus. Aux uns le profit et l'insouciance, aux autres la peine et le dévoue-
ment !

On obtient ce résultat par un moyen très simple : la
nomination d'un exécuteur testamentaire seul respon-
sable de l'œuvre et seul chargé d'en diriger la publication. Cette distinction, qui accuse une grande habileté,
n'a cependant pas rallié tout le monde, car loin de con-
cilier les intérêts de tous, elle est de nature à porter
atteinte aux droits de chacun.

D'une part, en effet, l'auteur trouvera difficilement
quelqu'un qui consente à remplir le rôle qu'il lui destine.
De l'autre, les enfants ne se soumettront pas volontiers
à une tutelle d'autant plus pénible pour eux qu'elle leur
rappelle incessamment une méfiance injurieuse.

Ajoutez à cela que le remède proposé sera souvent
inefficace ; les héritiers, pour se soustraire à cette exécution testamentaire renonçant à *leur* qualité de légataires
pour succéder *ab intestat.* Enfin, l'auteur qui présente
cette distinction, la fonde sur ce qu'il y a dans le droit
dont il s'agit « deux choses tout à fait dissemblables,
la publication et l'appréciation morale et préalable qu'elle
exige, d'une part, et le profit matériel qu'elle produit, de
l'autre. » Or, je tiens pour certain : que bien qu'il y ait

entre ces deux choses la différence qui sépare toujours l'effet de la cause, précisément par suite de ce rapport immédiat, il y a aussi entre elles un lien intime. De sorte que les héritiers ne seront jamais indifférents au mode et au nombre des publications, car ce sont choses qui influent toujours sur la vente plus ou moins heureuse de l'ouvrage.

Si la question était difficilement controversable avant 1866, depuis la loi du 14 juillet elle ne saurait plus se poser. Le paragraphe 5 nous dit, en effet : « Les droits des héritiers à réserve ou des autres successeurs pendant cette période de cinquante ans *restent d'ailleurs réglés conformément aux prescriptions du Code Napoléon.* »

Remarquons enfin que la solution par nous indiquée s'applique dans tous les cas, que l'ouvrage soit publié ou non. La seule différence entre les deux hypothèses c'est que dans la première il n'y a plus de difficulté d'estimation possible. L'ouvrage étant en cours de publication, il est facile d'apprécier le plus ou moins de succès qu'il a eu ; d'en conjecturer « la vente » pour employer une expression technique. On se rappelle que c'était là une des fortes objections de nos adversaires, qui se trouve ainsi complètement décolorée.

Une question analogue mais qui n'est pas identique est celle de savoir si le testateur peut confier à un de ses amis ou parents le soin de prendre certaines mesures définies d'avance et propres à assurer la conservation de l'ouvrage (1). Aussi notre solution est-elle ici toute diffé-

---

(1) Chateaubriand usant de ce procédé confia la publication de ses œuvres posthumes à quelques-uns de ses amis.

rente et admettons-nous bien volontiers pour l'an et jour, la validité de cette nomination, car tout en respectant les intérêts légitimes de ceux qui viennent en ce monde, elle assure les suprêmes volontés de celui qui s'en va.

3° L'auteur dispose au profit de l'un de ses héritiers. Du rapport.

C'est grâce à une donation entre vifs que l'héritier est avantagé. — On peut se demander si l'héritier auquel on a donné le droit de copie est tenu de rapporter seulement le droit de faire de nouvelles éditions, ou s'il est tenu en outre de rapporter le produit des diverses éditions qu'il a pu faire. Cette question n'est pas nouvelle, elle s'est posée sur le terrain du pur droit civil pour les fruits et arrérages d'une rente viagère et d'un usufruit. Volontiers j'admettrais que le donataire ne doit rapporter à la masse que le droit de faire de nouvelles éditions. C'est toujours le même raisonnement qui me conduit à cette solution. La loi de 1866 renvoit au Code civil ; or, l'article 856 nous dit: « Les fruits et les intérêts des choses sujettes à rapport ne sont dus qu'à compter du jour de la succession. » Le droit de copie étant la chose sujette à rapport, le produit périodique des éditions successives doit être considéré comme un fruit.

Le rapport devra se faire en moins prenant, car l'auteur, par la disposition à titre gratuit dont il a favorisé son successible, a bien marqué le désir que la publication de l'ouvrage lui fût et restât entièrement confiée.

4.

Mais, quid, si le donataire a vendu à un tiers le droit à lui concédé ? On admet généralement que le donataire devrait rapporter à la succession la fraction du prix de la cession correspondante à la fraction qui reste à courir du temps pour lequel cette cession a été faite.

La donation n'est que temporaire : l'auteur donne l'œuvre en 1870 pour 2 ans et meurt en 1875, le donataire n'a rien à rapporter; si au contraire une édition n'est pas encore épuisée, le produit de la vente des exemplaires non vendus lors du décès seront rapportés à la masse; sur tous ces points, pas de difficulté.

II. — Ascendants et collatéraux avant et après la loi de 1866.

La loi de 1793 leur accorde 10 ans. Mais, la loi de 1866 accorde un droit égal à tous les héritiers, elle y comprend donc les collatéraux et les ascendants (art. 1er). Les ascendants étant réservataires, ce que nous avons dit au sujet des descendants s'applique également à eux (V. suprà Réserve).

III. — Des successeurs irréguliers.

1° Enfant naturel.

On doit, en vertu des paragraphes 1 et 5 de la loi de 1866, appliquer à l'enfant naturel les principes du Code civil. On sait que, d'après l'article 757, le droit de l'enfant naturel sur les biens de ses père et mère est réglé ainsi qu'il suit : si le père ou la mère laissent des enfants légitimes, ce droit est d'un tiers de ce que l'enfant aurait eu s'il eût été légitime ; la moitié, s'il y a des ascendants

et des frères et sœurs, les trois quarts dans le cas contraire.

2° *Du conjoint survivant.*

L'importance du sujet nous oblige à lui consacrer un
paragraphe spécial. Nous nous bornons donc ici à
poser un renvoi.

3° *De l'État.*

Etude du paragraphe 6 : « *Lorsque la succession est
dévolue à l'Etat, le droit exclusif s'éteint sans préjudice des droits des créanciers et de l'exécution des
traités de cession, qui ont pu être consentis par l'auteur ou ses représentants.* »

Avant la loi nouvelle, on appliquait les principes du
Code civil, l'Etat pouvait recueillir l'hérédité et avait le
droit d'accepter ou de répudier (art. 713-768). Toutefois, cette législation avait été l'objet de vives critiques.
Ces remontrances ne sont pas restées sans résultat et ont
laissé leur trace dans la loi nouvelle. Désormais, *le droit
exclusif* s'éteint invariablement. On ne saurait trop ap-
plaudir le législateur de cette réforme, en en faisant ressortir brièvement le triple intérêt. Elle satisfait du même
coup les créanciers, les cessionnaires et enfin les droits
supérieurs de l'intérêt public.

1° *Les créanciers.* — Puisque la loi fait en leur
faveur une réserve expresse. Quelle en est la portée ?
Quelle est la valeur exacte de ces mots : « sans préjudice des droits des créanciers ? »

Pour pouvoir l'apprécier, il importe de distinguer plusieurs hypothèses.

Première hypothèse. — L'œuvre est en cours de publication, des exemplaires se retrouvent dans la succession de l'auteur. Ils sont considérés comme objets mobiliers et peuvent faire l'objet d'une saisie-exécution, d'une vente, etc.

Deuxième hypothèse. — Au décès de l'auteur, on trouve le manuscrit absolument inédit. Quels sont, sur ce manuscrit, les droits des créanciers? La loi de 1866 ne prévoyant spécialement aucun cas et statuant d'une manière générale, ce sont les principes généraux qui doivent nous dicter une solution. D'après Pothier, *Traité de la communauté*, n° 682 : « Les manuscrits d'un ouvrage qu'un homme d'esprit a composés ne doivent pas être compris dans l'inventaire ; ce sont choses inestimables qui ne sont pas censées faire partie d'une communauté de biens, ni même d'une succession. *On doit les laisser à l'aîné de la famille, quand même il aurait renoncé à la succession.* »

De nos jours, cette opinion (je ne parle pas de la dernière proposition, alors conforme aux idées aristocratiques du temps), cette opinion, dis-je, a été reprise et soutenue par des auteurs de grand talent. « Le manuscrit, dit M. Renouard, c'est la conversation de l'auteur avec lui-même, le sanctuaire de sa conscience. » « La loi prétend, « à son tour, M. Dupin, saisit le moment où l'écrivain se « fait marchand ; alors, le prestige de l'art s'évanouit pour « faire place au droit civil. » « A toute époque de notre histoire, dit enfin M. Flourens, la saisie et la publication des lettres , des papiers personnels , des manuscrits, qu'elles eussent pour cause l'avidité des créanciers ou les passions politiques, ont toujours trouvé leur condamnation dans la conscience des honnêtes gens. »

S'inscrire à la suite de telles autorités, est déjà chose fort honorable; la logique et le bon sens commandent encore l'opinion qu'elles enseignent. Le manuscrit n'est pas dans le commerce, ce n'est pas un bien dont la loi reconnaisse l'existence, et il ne naît, pour la société, que du jour où la publication enregistre sa naissance. D'autre part, il serait souvent peu décent de livrer à la publicité des œuvres qui étaient destinées à ne jamais voir le jour. Si l'intérêt des créanciers est chose respectable, l'honneur de l'écrivain ne l'est pas moins ; et, s'il faut choisir, je préfère assurer la liberté de l'intelligence que de satisfaire une insatiable cupidité.

Troisième hypothèse. — L'ouvrage a déjà été publié, les créanciers peuvent-ils faire de nouvelles éditions et exercer par tous les moyens possibles le droit de copie? Ici encore les avis sont partagés. M. Demolombe prohibe le droit des créanciers. M. Renouard l'autorise. C'est à l'avis de ce dernier qu'il nous semble logique de se ranger. Nous venons de voir, en effet, que la loi de 1866 ne s'appliquait pas aux deux hypothèses ci-dessus examinées. Il est donc nécessaire d'admettre, pour trouver un sens aux mots, « *sans préjudice des droits des créanciers,* » que l'auteur mort et l'ouvrage publié, les créanciers ont tous les droits possibles. Au surplus, les considérations que nous faisions valoir tout à l'heure, pour refuser aux créanciers l'exercice du droit de copie

ne sauraient nous empêcher de le leur accorder ici, car
grâce à la publication de l'ouvrage elles se trouvent sans
application.

C'est une question analogue et aussi intéressante que
celle de savoir, si du vivant de l'auteur les créanciers
peuvent exercer le droit de copie ; mais son examen nous
entraînerait trop loin et les arguments qu'on met en jeu,
pour ou contre l'auteur, sont ceux que nous venons de
transcrire.

2° *Les cessionnaires*. — Leurs droits sont sauvegar-
dés à juste titre, il ne fallait pas qu'un fait imprévu et
accidentel fut pour eux la cause d'un préjudice immérité.
C'eut été chose très fâcheuse que d'introduire de nouvelles chances défavorables dans un contrat qui n'est que
trop aléatoire.

3° *L'intérêt public*. — Car désormais s'éteint le monopole et puisque l'intérêt souverainement légitime de
l'auteur ou de ses descendants n'est plus en cause, que
la faveur inexplicable faite au public reprenne son empire !

SECTION. DEUXIÈME

Du conjoint survivant.

I. — Sous l'empire du décret de 1810.

L'article 767 est ainsi conçu : « Lorsque le défunt ne
laisse ni parents au degré successible, ni enfants naturels,
les biens de sa succession appartiennent au conjoint qui
lui survit ; à défaut de conjoint survivant la succession
est acquise à l'État (art. 768). »

Ainsi donc, après tous les parents au degré successible, c'est-à-dire jusqu'au 12ᵉ degré, après les enfants naturels, le conjoint. Il vient avant l'état qui ferme la marche !

Cette place au dernier rang du cortège est-ce la sienne ? Le conjoint, qui a tant mérité de son époux pendant sa vie, doit-il être ainsi récompensé après sa mort ?

Il y a longtemps qu'à la question ainsi posée l'opinion publique a répondu négativement.

La doctrine a ratifié cette manière de voir.

Par suite de quels phénomènes économiques et historiques le conjoint s'est-il trouvé ainsi relégué à la dernière place, ce serait intéressant de le rappeler. Malheureusement, le cadre de ces matières ne permet pas une pareille digression. L'article 757 a été jugé à sa juste valeur. Il est permis d'espérer que dans un temps relativement prochain il sera rayé du Code ! C'est en matière de propriété littéraire qu'on est revenu le plus tôt sur cette criante injustice. Quelle a été l'étendue, la filière de ces réparations, c'est ce qu'il importe de rechercher.

Droits du conjoint sous le décret de 1810. — Ce revirement dans les idées ne s'est pas fait longtemps attendre, et dès 1810 le contre-coup s'en faisait ressentir dans le décret du 5 février.

L'article 39 de ce décret porte, en effet : « Le droit de propriété est garanti à l'auteur et à sa veuve pendant leur vie, *si les conventions matrimoniales de celle-ci lui en donnent le droit.* Je souligne la phrase qui nous intéresse principalement (phrase qui n'existait pas dans le projet, car il investissait du droit de copie toutes les veuves, sous quelque régime qu'elles aient été mariées). Cinquante-six ans plus tard, il en sera de même, nous aurons à revenir là-dessus.

1° A quels conjoints le décret de 1810 s'applique-t-il ? — Le droit de copie est accordé à la veuve. Si nous demandons à quelle veuve ? Le décret répond : « à celles qui en ont le droit en vertu de leurs conventions matrimoniales. » Ce sont là des mots, en essayant d'en faire jaillir des idées, on verra quelle abondante source de difficultés ils renferment. Divisons le faisceau pour essayer de le briser.

1° Par contrat de mariage, l'époux a stipulé certains avantages consistant dans l'attribution totale ou partielle à son profit du droit de copie. — Pas de difficulté. Le texte du décret vise spécialement notre espèce « les conventions matrimoniales de la femme lui en donnent le droit. » C'est là une faveur faite par le décret de 1810, imitée de l'article 1094 du Code civil, qui permet à un époux de donner à son conjoint, outre la quotité disponible, l'usufruit de la part réservée aux ascendants du donateur. Mais bien souvent, quand l'auteur se mariera, il n'aura pas encore composé d'ouvrages sérieux. Les auteurs ne sont pas tous des Bernardin de Saint-Pierre et le talent le plus souvent ne mûrit que par les années. Dès lors, rien que de très naturel si le contrat de mariage gardait sur ces questions un silence complet. C'est la seconde hypothèse qu'il nous faut examiner.

2° Le contrat de mariage est muet. — Ce fut une controverse fameuse que celle dont nous abordons la discussion. Pour avoir eu sa célébrité autrefois, elle n'a perdu tout intérêt ; la lice est ouverte et les tenants peuvent jouter encore.

Il ne s'élève pas de difficulté si l'œuvre est inédite et destinée à rester manuscrite, ou s'il s'agit d'un exemplaire déjà tiré d'un ouvrage sous presse lors du décès de l'auteur ; bien que la thèse contraire ait été soutenue (Massé et Vergé, p. 69). J'appliquerai l'article 1401 dans les deux cas.

Il s'agit de savoir si en présence du silence que garde le contrat de mariage, et de la phrase du décret de 1810, qui, d'après certaines personnes, aurait bien mieux fait de ne rien dire ; il s'agit de savoir, dis-je, si le régime de la communauté fait acquérir à la femme, à lui seul et sans convention expresse et spéciale, le droit dont il s'agit sur l'œuvre littéraire.

Pour résoudre la question ainsi posée, trois partis sont en présence. Le premier a à sa tête Toullier et Pardessus : « Il faut une clause expresse pour donner des droits au conjoint. Dans le deuxième on déclare que les conventions générales du contrat de mariage suffisent et qu'il faut appliquer les règles ordinaires du Code sur les régimes matrimoniaux (Duranton). Enfin, Parant (Lois de la presse, p. 158) et Renouard (tome 2° n° 130) tiennent bien haut le drapeau du troisième.

Quelques auteurs, enfin (MM. Blanc et Cubain entre autres), gardent dans cette mêlée générale une prudente neutralité.

Premier système. — L'argument principal consiste à dire que les profits que l'auteur d'un ouvrage retire de ce capital tombent en communauté, comme le travail manuel du journalier, dont les salaires y tombent pendant toute la durée de son mariage. Mais si l'auteur n'a pas vendu son droit ; quand la mort de la femme mettra fin à la participation qu'elle avait dans les profits du mari, les héritiers de la femme après la dissolution (ou la femme survivante, si c'est le mari qui est mort) n'y ont plus aucun droit ; « parce que ce n'est pas un capital. »

Deuxième système. — Le décret n'exige pas que les conventions matrimoniales de la femme soient expresses sur ce point, il suffit que la femme *en ait le droit.* Or ce droit elle l'a, puisque le droit de copie est un droit mobilier (1) et qu'à ce titre il tombe dans la communauté (art. 1401-1). D'où cette conséquence que l'on appliquera à la propriété littéraire et artistique toutes les règles de la communauté. (En ce sens M. Demolombe, t. IX).

Troisième système. — Effrayés des conséquences des deux autres opinions, les partisans de ce système aboutissent en les combinant à une solution éclectique.

Je ne puis admettre le système de Pardessus, je nie en effet qu'il n'y ait pas là un capital. Bien que les économistes se soient divisés sur ce point, il me semble qu'au point de vue juridique (c'est toujours à celui-là qu'il faut nous placer), il y a là un capital parfaitement caractérisé et distinct des fruits qu'il produit : « la puis-

(1) M. Gaqtier à son cours.

sance productive qui réside dans les facultés de l'homme est le premier des capitaux, le plus difficile à créer, à remplacer. » (M. Jourdan, Epargne et Capital, p. 31). Je ne me rallierai pas davantage au parti de Duranton, car le système qu'il propose aboutit à des conséquences anti-juridiques. Je n'en veux faire ressortir qu'une seule. Dans le système de cet auteur on déclare que le droit sera commun à la veuve et aux enfants pendant 20 ans, et s'il s'agit d'autres héritiers du mari ils en jouiront pendant 10. Passé ce temps, la femme jouit seule jusqu'à sa mort, *époque où les enfants verront leurs droits de nouveau assurés pour une nouvelle période de 20 années.* Cette solution me plait fort à titre de combinaison nouvelle, mais après mûr examen, je ne vois rien de tout cela dans le décret de 1810 ; je vois au contraire dans l'article 39 que la propriété est garantie aux enfants pendant 20 ans seulement. Or, M. Duranton leur accorde deux périodes de 20 années, ce qui est contraire au texte de la loi. Je crois donc que cette manière de faire ainsi renaître le droit, à la mort de la veuve, comme le phénix de ses cendres, peut être originale, mais n'en n'est pas moins arbitraire, et qu'à ce titre elle ne doit pas obtenir notre adhésion.

Mais alors, qu'en est-il ?

La contexture de l'article 39 et la comparaison de ses termes me prouvent, à n'en pas douter, que cet article, bien qu'il n'ait pas été écrit pour trancher la question de savoir si le droit d'auteur tombe ou non en communauté, la décide cependant. Il la tranche indirectement, car il donne à la femme un droit viager sur la totalité. Or, si on eût appliqué le principe que le droit d'auteur tombait en communauté, il aurait fallu décider qu'il y avait la moitié pour la femme et la moitié pour les héritiers, *il substitue au droit existant un droit nouveau dicté par des idées nouvelles.*

Je dirai donc : sous l'empire de la loi de 1793 la question de savoir si le droit d'auteur tombe ou non en communauté, doit être résolue affirmativement, mais l'article 39 du décret de 1810 déroge au droit commun, à l'article 1401. Il établit pour la veuve un bénéfice *sui generis*; et il y met une condition : c'est que ses conventions matrimoniales lui en donnent le droit. La communauté est de ce nombre. On ne peut donc nier à la veuve mariée sous ce régime le bénéfice nouveau.

Et je me persuade de plus en plus de la justesse de cette manière de voir, quand je considère qu'en 1842 M. de Lamartine demanda à ce que le droit de copie fût déclaré bien de communauté. Il faut donc en conclure qu'à cette époque il ne l'était pas.

Cette raison historique me paraît sans réplique!

Mais pourquoi l'article 39 déroge-t-il au principe du Code civil? pourquoi la propriété littéraire ne tombe-t-elle pas dans la communauté?

On pourrait peut-être en donner la raison suivante : Bien que la propriété littéraire soit un droit mobilier, bien qu'elle soit un droit capital elle n'en est pas moins « *un droit singulier* », comme le disait Pothier. Nous nous souvenons d'avoir vu cette idée émise par l'illustre procureur général M. Dupin et savamment soutenue par un éminent professeur de notre école (1). Or, si c'est un droit *sui generis* et d'un caractère tout particulier, il échappe à l'application de l'article 1481-1° qui n'avait pas été écrit pour lui.

Specialia generalibus derogant !

Et maintenant, il convient de se demander comment les choses vont se passer en présence des divers régimes, et quels rapports ils ont avec l'article 39.

Clauses de la communauté conventionnelle.

De la communauté réduite aux acquêts. — Ici nous ne pouvons appliquer l'article 39, les conventions matrimoniales de la femme ne lui donnent pas de droit ; par conséquent, si le produit des éditions tombe en communauté, le droit ne passe pas à la veuve, et dès la mort de l'auteur, il ira rejoindre le reste de la succession sur la tête des héritiers, pour y résider pendant le délai légal.

De la clause de réalisation de propres. — Puisque sous l'empire de la loi de 1793 le droit d'auteur n'eut pas dû tomber dans la communauté, à cause de cette clause spéciale, nous dirons : les conventions matrimoniales de la femme ne lui donnent pas de droit, donc nous n'appliquerons pas l'article 39 dans son bénéfice.

De la clause d'ameublissement. — Le droit de copie étant un droit mobilier, nous n'avons pas à nous occu-

---

(1) M. Gautier, professeur de droit administratif à la faculté d'Aix.

per de la clause d'ameublissement, qui n'a par conséquent rien à faire ici, et cela est vrai de plusieurs autres
clauses.

Forfait de communauté. — L'auteur s'est con-
tenté d'une somme fixe et prédécède l'époux survivant
aura droit au bénéfice de l'article 39. La veuve n'a droit
qu'à une certaine somme, 20,000 francs par exemple ;
dans ce cas, il est clair que ses conventions matrimoniales ne lui donnent pas le droit de copie ; le bénéfice du
décret ne lui profitera donc pas.

Du régime dotal. — Ici encore la condition que
demande l'article 39 fait défaut, la femme ne jouira pas
du droit viager.

Toutefois, une question se pose, c'est celle de savoir
si, quand une femme a constitué en dot tous ses biens
présents et à venir, le principe de l'inaliénabilité s'applique au droit de copie. Supposons donc une femme
auteur, hypothèse qui s'est réalisée souvent. Je n'ai pas
à rappeler ici les noms de femmes que leurs œuvres ont
à jamais rendues célèbres.

Au premier abord, il semble que la chose ne puisse
faire doute. L'article 1554 ne nous dit-il pas : « *les
immeubles* constitués en dot ne peuvent être aliénés. »
Eh bien, le droit de copie est mobilier, à ce titre il ne
rentre pas sous la prohibition de la loi, il est parfaitement aliénable.

Mais on comprend la controverse quand on songe que
la jurisprudence constante de la Cour de cassation étend
à la dot mobilière (quant à la femme) le principe de
l'inaliénabilité, et que cette jurisprudence est amère-

ment critiquée par les auteurs. On aura toujours un moyen de lever tous les doutes, c'est d'appliquer l'article 1557 et de permettre l'aliénation dans le contrat de mariage. Indiquer ce remède c'est en faire ressortir toute l'insuffisance.

Quoiqu'il en soit, la femme pourra aliéner son droit de copie quand elle le voudra, et cela pour plusieurs raisons que je crois bonnes.

C'est d'abord, que si la jurisprudence est libre d'adopter un système directement contraire à la lettre de la loi, non moins qu'à son esprit, les simples particuliers sont tout aussi libres de ne pas penser comme elle. En second lieu je trouve dans la loi de 1793 cette phrase : « Les auteurs d'écrits, etc., jouiront durant leur vie entière du droit de *vendre, faire vendre,* distribuer leurs ouvrages dans le territoire de la République, et d'en *céder la propriété* en tout ou en partie. » Eh bien, si je ne m'abuse, la loi de 1793 comprend dans le droit exclusif de l'auteur la vente et la cession. Ces deux choses font partie *intégrante du droit,* ils le caractérisent, ils le constituent presque. Si donc ces actes ont un rapport étroit avec le droit lui-même, s'il y a là une union indissoluble, c'est une raison suffisante pour ne pas appliquer le système de la jurisprudence à la propriété littéraire.

Il arrive parfois que dans les discussions de ce genre, on s'écrie : si la loi était à faire, il faudrait la faire ainsi ; mais le devoir du jurisconsulte est d'interpréter la loi et non de la faire. Ici, au contraire, si l'on refaisait la loi dans le sens de la jurisprudence, il faudrait faire une exception pour la propriété littéraire. Il y a pour cela des raisons majeures qu'il me suffit de signaler pour les faire apprécier (impossibilité pour la femme d'exploiter elle-même, etc.), application des articles du Code civil 1538, 1539, etc., relatifs à l'autorisation de justice, etc.).

De la restitution de la dot. — Que doit restituer le mari? La propriété entière et non pas seulement les produits du droit de copie. On s'accorde à reconnaître que si l'ouvrage est saisi comme diffamatoire (excitation des citoyens à la révolte, etc.), le mari sera libéré de la restitution.

Du régime sans communauté. — Il n'y a aucune espèce de société de biens, l'article 39 du décret est inapplicable, et par suite le droit de copie l'est également.

Du régime de séparation de biens. — Même raisonnement et même décision.

Nature du droit accordé à la veuve par le décret de 1810.

Ici encore il ne s'est pas établi entre les auteurs un concert unanime, tant s'en faut. Les plus grandes divergences se produisirent; nous allons brièvement le rappeler.

C'est un droit de collaboration, disait M. Gressier; tel est aussi l'avis de M. Bertauld : « On regardait les « maris et femmes, dit-il, lorsque les conventions matri- « moniales le permettaient, comme co-propriétaires de

« l'œuvre, et en conséquence aussi bien dans les mains
« de la veuve, que dans celles du mari auteur, la pro-
« priété se continuait jusqu'à la mort du dernier des
« deux. » Je ne partage pas cette manière de voir. Il
n'y a pas là une co-propriété puisque le droit de l'époux
survivant est temporaire, et qu'au contraire, celui du
défunt s'assoupit pour se réveiller en la personne de ses
héritiers.

C'est nous, dit M. Pardessus, *un usufruit intercalaire*. Cette opinion dont l'énoncé laconique est un peu
abstrait, a à mes yeux le tort considérable d'être contraire à la lettre de la loi et de n'être pas conforme à son
esprit : Le droit de propriété est garanti à l'auteur et
à sa veuve pendant leur vie......, *et à leurs enfants*
pendant 20 ans. » Il ne peut donc s'agir ici d'un usufruit puisque 1° le texte porte : « le droit de propriété; »
2° comme si ce n'était pas assez clair, il nous dit que
le droit qui est accordé à la veuve l'est plus tard aux
enfants. Ou je m'abuse étrangement, ou ce n'est pas un
usufruit, mais bien un droit de propriété qu'ont ces derniers.

*Ce serait une propriété grevée de substitution
indisponible*, d'après une opinion émise à la tribune par M. Riché. Quand on se réfère au *Journal
officiel*, il est aisé de se convaincre qu'il ne la soutint pas
avec une grande force. La lecture du compte rendu
démontre, en effet, qu'avant de présenter cette thèse,
M. Riché venait d'admettre celle de Pardessus. Les
deux sont cependant contradictoires, et si le droit de la
veuve est un usufruit, il ne peut pas constituer une propriété grevée de substitution indisponible.

5.

On dit pour le prouver, que l'*ordo successivus* existe ici, que, dans une certaine mesure, la veuve est tenue de la charge de conserver et de rendre. Je ne suis point satisfait, et cela pour deux raisons. C'est d'abord que les substitutions sont réservées aux successions testamentaires, et ne s'exercent pas dans les successions *ab intestat* ; or, cette transposition me semble tout à fait arbitraire. C'est, en deuxième lieu, parce que je dois m'incliner devant l'article 1792 : « Les substitutions sont prohibées. »

C'est un droit personnel viager dirai-je avec un petit nombre d'auteurs, et un droit d'une nature exceptionnelle. Droit personnel viager ! Comme je l'ai déjà fait remarquer, en 1810, un revirement s'était produit dans les idées, on comprit que les rédacteurs du Code avaient fait fausse route et n'avaient pas donné au conjoint ce qui lui était dû. Pour revenir sur les errements du passé on a fait une faveur au conjoint. On a seulement eu le tort de ne pas la définir et la délimiter. De là les controverses dont nous avons vu toutes les difficultés. On a tenu à poser un principe, à manifester un regret, à affirmer une réparation ; quant aux conséquences, on les a perdues de vue ! Chose curieuse ! le même phénomène se produit toutes les fois qu'on s'occupe de modifier la législation existante sur la propriété littéraire. S'il m'en souvient, j'ai montré comment il s'était renouvelé en 1866. C'est donc un droit personnel en ce sens, que c'est une faveur essentiellement faite à la personne.

J'ai dit en outre que c'était un droit viager : « pendant leur vie, » nous dit le texte. Et c'est ce qui nous explique pourquoi la veuve ne peut faire de cession définitive (nous avons vu que le système de la substitution tirait partie de cette conséquence), n'ayant qu'un droit viager elle ne peut conférer un droit qui n'ait pas ce caractère. *Nemo dat quod non habet.*

Droit d'une nature exceptionnelle ! on en conviendra avec moi si l'on songe que la veuve, quand elle a ce droit, l'a d'une manière entière ; ceci est donc exhorbitant du droit commun, puisque la communauté ne lui donnait que la moitié du droit exclusif. Il est encore anormal à un autre titre, puisqu'il n'a pas pour effet de dépouiller temporairement les enfants, qui, d'après le Code, eussent, dès la mort de l'auteur, succédé à la moitié du droit ; de dépouiller aussi les autres héritiers, toutes les fois que la veuve vivra plus de 10 ans, car ces héritiers de la deuxième classe étant restés sous le régime de la loi de 1793, le délai de 10 ans qui leur est accordé court à dater du décès de l'auteur.

II.—Faveur légale faite au conjoint par la loi nouvelle

DÉCRET DE 1810 (ART. 39).	LOI DE 1866 (§ 2).
Le droit de propriété est garanti à l'auteur et à sa veuve, pendant leur vie, si les conventions matrimoniales de celle ci lui en donnent le droit.	*Pendant cette période de cinquante ans, le conjoint survivant, quel que soit le régime matrimonial et indépendamment des droits qui peuvent résulter en faveur de ce conjoint du régime de la communauté, a la simple jouissance des droits dont l'auteur prédécédé n'a pas disposé par acte entre vifs ou par testament.*

A la simple lecture comparée de ces deux dispositions législatives, on aperçoit plusieurs changements que nous pouvons décorer du nom d'innovations ; étudions-les en détail.

1° Durée du bénéfice légal du conjoint.

Première innovation. — Je remarque qu'au lieu de ces mots : « pendant leur vie, » du décret, la loi de 1866 en emploie de nouveaux : « *pendant cette période de cinquante ans.* » Si donc, je suppose, chose assez rare d'ailleurs, qu'un auteur compose un ouvrage à dix-huit ans, se marie à vingt et meure à vingt-deux, la veuve pourra ne pas jouir du bénéfice légal pendant toute sa vie, car, en supposant qu'elle ait vingt ans au décès de l'auteur, le bénéfice cessera à soixante-dix ans. C'est donc une différence qui se présentera dans des cas invraisemblables, je le veux bien, mais non pas impossibles. De la sorte, le privilège de la propriété littéraire ne dépassera jamais cinquante ans, c'est ce que veut la loi nouvelle. Tandis que, sous l'ancien régime, en supposant la même espèce que ci-dessus, les vingt années accordées aux enfants, ne courant que du décès de la veuve, on pouvait dépasser ce délai, surtout quand la loi de 1854 eut donné un délai de trente ans, sans changer rien au reste de la législation.

2° A qui appartient ce bénéfice légal ?

Deuxième innovation. — Aux mots : « et à sa veuve, » du décret, la loi nouvelle substitue les mots : « *le con-*

joint survivant. » Cette rédaction est meilleure, puisqu'elle tranche ainsi une controverse qui n'aurait jamais dû se produire. Aussi, regrettons-nous vivement de voir un auteur considérable, M. Renouard, prétendre qu'en disant « la veuve » l'article était limitatif.

Certes! s'il en eût été ainsi, il aurait fallu le déplorer, et une disposition aussi anti-libérale n'eut pas fait l'éloge du législateur qui l'aurait dictée. Mais hâtons-nous de dire à sa décharge que si on pouvait lui reprocher une négligence dans la rédaction, on aurait su lui imputer un oubli assez grave de l'histoire et des fastes littéraires.

Malgré la légitime défiance que j'éprouve à le dire, l'opinion de l'illustre M. Renouard ne me paraît pas soutenable. L'article du décret, à l'instar de tant de dispositions du Code civil, statue sur le *plerumque fit.* Les Sévignés, les Staëls et les Sands sont encore peu nombreuses et l'honneur de la femme est assez grand pour que le plus souvent elle ne cherche pas à le rehausser par l'éclat que donne la gloire littéraire.

Les articles 1542 et 1518 du Code civil présentent la même inexactitude de rédaction, et ne parlent que de la femme ; et il y a mêmes raisons de décider pour le mari que pour la femme. Ajoutons qu'en 1841, l'interprétation faite en ce sens par un député, M. Bourdeau, fut pleinement reconnue et affirmée. Aussi, je ne m'étonne nullement que le législateur de 1866 ait tranché la question dans ce sens, il ne pouvait raisonnablement prendre un autre parti. Comme le disait Sainte-Beuve (rapport au Sénat) : « Le propre de la société moderne est de maintenir, le plus possible, le sérieux et l'égalité dans toutes les choses honnêtes et bonnes. »

3° Quand s'exerce ce bénéfice?

Troisième innovation. — Au lieu de la phrase amphibologique : « si ces conventions matrimoniales lui en donnent le droit, » nous avons une incise nette et radicale : « *quel que soit le régime matrimonial* » et si l'innovation est dans les mots, elle est encore plus dans les choses.

Ce ne sont donc plus comme autrefois certaines veuves, ce sont désormais tous les conjoints qui y ont droit, peu importe le régime sous lequel ils sont mariés. Cette nouvelle rédaction est préférable pour deux raisons : parce qu'elle est beaucoup plus claire que celle de 1810, et parce qu'elle étend l'avantage fait au conjoint ; disons mieux : au lieu de reproduire une simple faveur, elle reconnaît un droit. C'est par suite de cet esprit plus largement protecteur pour le conjoint que notre disposition a été édictée. Etait-il juste, en effet, que quand un auteur a travaillé toute sa vie, que son épouse a partagé ses veilles, ses espérances, ses angoisses et la tristesse des mauvais jours, elle n'eût pas ensuite à partager les douceurs et le repos conquis au prix de tant de sacrifices ?

Etait-il convenable que lorsqu'elle n'a pour héritage qu'un reflet de gloire, quelque avide collatéral, doté par la loi d'une fortune qui n'est pas la sienne, vînt insulter à sa noble misère ! Je n'hésite pas à dire que, pour la propriété littéraire plus que pour toute autre, le conjoint mérite un meilleur sort que celui que lui a fait le Code Napoléon. C'est ce qu'a bien compris la loi de 1866, et l'on ne saurait trop se féliciter de voir ainsi la justice et l'équité régnant de nouveau dans un domaine d'où elles semblaient à jamais bannies.

C'est toujours avec un plaisir nouveau que je relis ces lignes de M. Jules Favre écrites dans ce style sublime dont si peu connaissent le secret : « Notre loi place l'homme et la femme dans une sphère idéale, où tous les devoirs doivent être consacrés par la même rénumération. »

Aussi, je m'étonne que de bons esprits (M. Ch. Fliniaux) reprochent à la loi de 1866 d'avoir opéré « un bouleversement complet des règles fondamentales en matière de mariage. » Il me semble qu'avec moins d'exagération et plus de vraisemblance, on aurait pu dire que la la loi de 1866 prouve seulement la nécessité de réparer un impardonnable oubli. Si les traditions sont mauvaises, pourquoi s'obstiner à les suivre? L'esprit de routine est-il donc chose si inhérente à l'homme qu'il ne puisse s'en dépouiller sans être voué à l'ostracisme (1) !

4° Nature de ce bénéfice du conjoint.

Quatrième innovation. — « Le *droit de propriété* est garanti, » art. 39. « *A la simple jouissance des droits dont l'auteur, etc.* » Loi de 1866, § 2. Autant les autres innovations étaient apparentes et faciles à prouver, autant celle-ci a besoin d'être démontrée.

(1) Ces reproches ont eu un écho à l'étranger, et Klostermann qualifie de bizarres et d'embrouillées (eigenthumlich und verwickelt) les dispositions de notre loi,

Nous avons vu que le droit accordé au conjoint par le décret de 1810 était irrégulier, anormal ; tel n'est point le caractère de celui qu'accorde la loi de 1866, et c'est ce qui constitue cette nouvelle dérogation au droit antérieur. Je remarque donc tout d'abord, qu'au mot général *pro-priété*, ont été substitués les mots beaucoup plus limités *simple jouissance*. Le droit entier et viager du décret a été de la sorte remplacé par un droit plus restreint. Actuellement, au décès de l'auteur, deux droits naissent simultanément : celui des héritiers et celui de l'époux survivant. Je le prouve par la lecture comparée des deux paragraphes de la loi. Avant tout, le législateur dit ce qu'il a sur le cœur en quelque sorte ; les héritiers ont un droit exclusif, ce droit est porté à cinquante ans ! Puis, après avoir posé ce principe, il ajoute : pendant cette période, le conjoint a la simple jouissance. N'est-ce pas à dire qu'au décès de l'auteur, les héritiers lui sont substitués, mais que leur droit est limité par celui du conjoint ? Dès lors, ce droit du conjoint, quel est-il ? « Une simple jouissance, » c'est-à-dire un usufruit ; il reste aux autres la nue-propriété.

Je le prouve encore par la lecture comparée des paragraphes 1 et 3. Le paragraphe 1 déclare, en effet : « que la durée du droit accordé aux héritiers est de cinquante ans, à partir du décès de l'auteur, » et, plus loin, nous lisons dans le paragraphe 3 : « Que les héritiers peuvent faire réduire la jouissance. » Ce n'est donc pas sur la durée, mais sur l'étendue que porte cette réduction, c'est donc que les héritiers et le conjoint sont en concours, sans cela pourquoi réduire ? (M. Gautier à son cours.)

J'ai ajouté que c'était un usufruit. C'est encore le texte de la loi que j'invoquerai à l'appui de cette assertion. Notre paragraphe 2 nous dit : « *Indépendamment* des droits conférés au conjoint par le régime de la communauté, il a la *simple jouissance*, etc. » Qu'est-ce à dire, sinon que c'est là un usufruit? Si le droit du conjoint était un droit de pleine propriété, quels sont les avantages qui pourraient résulter *en outre de la communauté*? Le législateur eut donc parlé pour ne rien dire, ce que nous ne devons ni ne pouvons supposer.

Cette solution s'impose, alors même que nous n'aurions que le texte de la loi. Mais il est un autre argument qui doit triompher de toutes les hésitations. Les travaux préparatoires de la loi viennent éclairer cette discussion d'une vive et pleine lumière. Un député ayant demandé ce que l'on entendait par simple jouissance, disant avec raison qu'il ne connaissait que l'usage et l'usufruit, il lui fut répondu par M. Perras, rapporteur de la commission, que c'était bien l'*usufruit* que l'on entendait par là, et que le rapport de la commission le disait très clairement : « Les droits des successeurs tiendront dans ce délai de cinquante ans, sauf l'*usufruit* accordé à la veuve. » Il ajouta que c'étaient des considérations fiscales et de forme, qui avaient fait mettre les mots simple jouissance à la place du mot usufruit. » Chose digne de remarques! Tout le monde ne s'est point rendu à l'évidence et à la force de ces raisons.

Ecoutons M. Duvergier : « Qu'a-t-on voulu? se demande-t-il; changer la nature du droit du survivant? En aucune façon ; on a seulement jugé convenable d'en modifier le point de départ et la durée. »

Quelque sérieuse que soit cette appréciation, je crois qu'elle ne peut tenir devant le poids des témoignages que nous avons invoqués.

Et maintenant serons-nous intimidés par cette déclaration de M. Riché, commissaire du gouvernement, dans un passage auquel j'ai déjà fait allusion : « à l'heure qu'il « est, la femme n'a qu'un droit de jouissance ou d'usu-« fruit, ou si l'on veut une propriété grevée de substi-« tution indisponible : *c'est absolument la même* « *chose* (!) et pendant qu'elle a son droit réduit à la « jouissance, il y a, comme je le disais tout à l'heure, « derrière elle, des nus-propriétaires, qui sont les en-« fants ; voilà la situation actuelle, elle ne sera pas chan-« gée ? »

Non, parce qu'il y a un peu de tout dans ces quelques lignes : des erreurs, des contradictions, des affirmations absolument gratuites dont l'ensemble discordant et anti-juridique ne saurait renverser de solides arguments.

Aussi, M. Duvergier beaucoup plus logique dit-il simplement, que le conjoint est un grevé de substitution. Mais si cette opinion n'était pas la vraie avant 1866, elle l'est bien moins après, car le plus fort argument sur lequel reposait ce système, la cheville ouvrière, en quelque sorte, manque aujourd'hui et fait chanceler l'édifice. Nous n'avons plus sous l'empire de la loi nouvelle, l'*ordo successivus*, cette transmission alternative qui est la pierre de touche des substitutions. Point d'incertitude, point de laps de temps, les héritiers sont immédiatement enssaisinés par le décès de l'auteur (§ 1).

5° Sur quoi porte l'usufruit légal?

« *A la simple jouissance des droits dont l'auteur n'a pas disposé au profit de qui que ce soit par acte entre vifs ou par testament.* » L'usufruit légal porte donc sur tous les droits dont l'auteur n'a pas disposé. Ainsi distinguons :

1° L'auteur n'a pas disposé de son droit exclusif, le conjoint à l'usufruit sur le tout; mais, comme nous le verrons, cet usufruit pourra être enlevé à la veuve ou réduit dans certains cas.

2° L'auteur a disposé de tout son droit; le conjoint n'a droit à rien. Si l'auteur n'a disposé que d'une partie le conjoint a l'usufruit légal sur la 1/2 le 1/3 dont n'a pas disposé l'auteur.

Examinons à une autre point de vue l'étendue de cet usufruit. Il consiste dans l'*usus* et le *fructus*, l'usage et la jouissance. Le conjoint percevra le produit des éditions par lui faites, ou le prix de la cession consentie à un éditeur; cession qui cessera avec sa vie par suite du principe que personne sur une chose ne peut conférer plus de droit qu'il n'en n'a.

En quoi consiste la nue-propriété laissée aux héritiers? J'ai déjà examiné une question analogue à propos de l'application des règles du rapport ; il me suffit donc de m'y référer et de dire par à *fortiori* : Le droit de copie est celui dont le conjoint survivant a l'usufruit et les héritiers la nue-propriété. A la fin de l'usufruit, le conjoint survivant restituera donc non pas le produit des

éditions faites pendant sa période de jouissance, mais le
droit de copie simplement. Décider le contraire, ce serait
rendre le droit du conjoint à peu près illusoire, et démo-
lir ainsi le système édifié à grand peine par loi nouvelle.
Toutefois, si je ne me repens pas de cette solution,
j'avoue qu'elle doit fournir de sérieuses réflexions, car
il faut songer combien est chanceux le sort des nu-pro-
priétaires. Ce mot, d'ailleurs très expressif « *nu-pro-
priétaires* », fait bien voir de quels avantages ils sont
privés. Et en effet, l'usufruitier (le mot l'indique également) à l'usage et les fruits. Que reste-t-il donc aux
héritiers? l'espoir de concentrer un jour entre leurs
mains la pleine propriété. Mais cette espérance qui
pourra se réaliser, pourra bien aussi s'envoler sur les
ailes du temps et cela arrivera notamment si le conjoint
a la bonne fortune de vivre cinquante ans à partir du
décès de l'auteur. Dès lors le droit des héritiers se sera
réduit en fumée! Parmi les auteurs il en est qui croient
ce résultat déplorable.

Je le déplorerai bien avec eux, si deux choses ne
m'autorisaient à maintenir ma solution. C'est d'abord
que cette conséquence a été remarquée dans la discussion et que notre paragraphe 2 a passé quand même.
L'usufruit légal, on le sait, fut vivement critiqué dans les
Chambres.

M. Paulmier, entre autres, s'écria : « La veuve a la
« jouissance du droit à l'exclusion des enfants de l'au-
« teur. Or, la jouissance d'un droit temporaire c'est le
« droit lui-même. » Et voici qu'un autre député, M.
Jules Favre, montre que le délai fixe de cinquante ans :

« peut annihiler les droits des enfants, si l'usufruit de
« la femme dure toute la période. » Que leur fut-il
répondu par le président de la commission : « *Quand*
« *les intérêts du fils sont aux mains de la mère, ce*
« *n'est pas ce moment là que je choisis pour trem-*
« *bler !* » On passa outre, et le paragraphe 2 fut adopté.

C'est en second lieu que tous les nus-propriétaires, de
quelque propriété qu'il s'agisse, courent le même risque.
S'ils meurent avant l'usufruitier, leur unique consolation
sera de transmettre les droits qu'ils avaient à leurs enfants ! Ah ! voilà la différence ! s'écriera-t-on peut-être,
les enfants auront au moins la propriété. Je reconnais
que l'hypothèse est différente, car ici nous avons ce ter-
rible délai de cinquante ans, épée de Damoclès suspen-
due sur la tête des enfants, qui s'abattra sur eux, si la
vie du conjoint se prolonge beaucoup. Mais ces suppo-
sitions, pour n'être pas impossibles en théorie, seront
excessivement rares en pratique.

Un autre chose encore me rassure tout à fait : c'est
que si l'auteur trouve que la part faite à la femme par la
loi est trop forte, il n'aura qu'à leur léguer, ou donner
entre vifs, le droit d'auteur en tout ou en partie. Ce cor-
rectif si simple et si facile à employer, est de nature à
faire tomber, pour bien des cas, les critiques adressées
à la loi.

Cela est d'autant plus vrai qu'en regard de cet inconvénient, la loi de 1866 a mis dans l'autre plateau de la
balance des avantages qui la font pencher en sa faveur.
Elle met fin à des abus et des complexités intolérables
engendrées par le décret de 1810. C'est là déjà un grand

mérite. Elle remplace en outre un droit indéfini, par un droit bien connu, l'usufruit, rentrant ainsi dans la voie large et bien tracée du droit commun que l'on avait quittée. La seule chose que l'on puisse reprocher à la loi nouvelle est d'avoir déguisé un véritable usufruit, sous les mots : simple jouissance.

Peut-on considérer chaque édition faite par le survivant comme une fraction détachée du droit de reproduction? Je ne le pense pas car le produit des éditions est u.. fruit, et à ce titre le survivant pourra céder l'une après l'autre les diverses éditions.

Comme les fruits ont un caractère de périodicité que n'a pas et ne peut avoir une édition, on a parfois soutenu que cette qualité devait leur être refusée. Cette déduction serait logique si les prémisses n'étaient fausses. Est-il vrai, en effet, qu'il n'y ait que des produits périodiques qui puissent être appelés fruits? N'y a-t-il pas des fruits qui le sont par simple convention? Les Romains le jugeaient ainsi : (l. 22 pr. *de usu et habitatione*, pour les mines et carrières, les lois 9, §2 et la loi 13 § 5, *de usufructu et quemadmodum*, etc.), et de nos jours des économistes très autorisés le pensent aussi.

Dans quel cas il n'y a pas lieu à l'usufruit légal du conjoint.

Cinquième innovation.

A. — Aliénation des droits d'auteur.

Etude du paragraphe 4 : « A la simple jouissance *des droits dont l'auteur n'a pas disposé par acte entre vifs ou par testament.* »

1° L'auteur a disposé de son droit, par acte entre-vifs ou par testament. Dans ce cas le conjoint voit son droit s'évanouir.

Cette exception à la règle est conforme aux principes généraux. Ne pas l'édicter, c'eût été rogner en quelque sorte le droit de l'auteur qui doit être plein et entier, c'eût été fouler aux pieds la loi de 1793 et les principes de législation les mieux établis.

Si l'aliénation de l'auteur n'est que partielle, l'usufruit du survivant le sera également, et il jouira du surplus. C'est bien là ce que veut dire notre texte : droit plein et entier pour l'auteur, usufruit pour la veuve qui ne reconnaît d'obstacle que dans la souveraineté du mari.

Nous examinerons plus loin comment le régime matrimonial pourrait faire changer cette solution.

B. — Séparation de corps.

« *Cette jouissance n'a pas lieu lorsqu'il existe au moment du décès une séparation de corps prononcée contre le conjoint.* » (§ 4).

Pourquoi cette restriction ? On a dit parfois que c'était une application de l'article 299 du Code civil : « Pour quelque cause que le divorce ait lieu hors le cas de consentement mutuel, etc. » Cette raison n'est pas exacte. D'un côté, l'article 299 ne statue que pour le divorce, et la question de savoir s'il est applicable à la séparation de corps est controversée ; de l'autre, il a toujours été admis que la séparation de corps ne prive point le survivant de son rang, parmi les successeurs irréguliers (le divorce le lui enlevait).

Je crois, au contraire, que l'on a voulu déroger au principe du Code civil. La séparation de corps est une raison suffisante pour croire que l'époux ne mérite pas de faveur; dès lors la loi le prive de la récompense qu'elle institue. C'est ce qui fait qu'elle ajoute ces mots : « lorsqu'il existe une séparation de corps *prononcée contre le conjoint* : » et par conséquent si l'époux a obtenu la séparation de corps, il continuera à jouir de la récompense légale (1).

D'ailleurs je ferai remarquer en terminant que dans le texte du projet le paragraphe 4 de la loi nouvelle n'existait pas, et c'est sur les observations d'un député qui fit accepter par la Chambre sa manière de voir que cette disposition fut insérée.

C. — Convol en secondes noces.

Elle (la jouissance) *cesse au cas où le conjoint contracte un nouveau mariage* (§ 4, suite).

La loi voit d'un mauvais œil les seconds mariages (2). C'est ainsi que l'article 386 frappe de la perte de la jouissance légale des biens du mineur *la veuve qui se remarie.* Je souligne ces mots, car je tiens à faire remarquer que la déchéance qui nous occupe ne s'adresse pas seulement à la femme, mais au mari. La raison de cette assimilation est facile à saisir. La loi de 1866 remplaçant les mots du décret: « la veuve » par ceux-ci : « le conjoint »

---

(1) V. au Digeste l. 1 pr. unde vir et uxor.

(2) La loi romaine, au contraire, favorisait les seconds mariages et décernait des primes à la fécondité (V. Accarias, tr. de dr. Romain, t. 1 et 11).

maintenait l'égalité dans la récompense, il entrait dans les vues d'une loi équitable de la maintenir dans la répression. L'article 385 est une concession faite aux mœurs aux dépens d'une justice égalitaire. Je retrouve là un esprit analogue à celui qui punit sévèrement l'adultère de la femme, et peu ou point celui du mari.

La loi de 1866 a fait passer la justice avant les mœurs ! Elle a bien fait ! Quand le conjoint survivant se remarie, la cession qu'il avait faite auparavant à un éditeur sera-t-elle définitive ?

L'affirmative, si on l'adopte, a pour effet d'annihiler complètement la disposition privative et légale du § 4. Le conjoint, en effet, vendra son droit à un éditeur qui le lui paiera assez grassement; exempt des ennuis de l'exploitation, il se sera du même coup procuré une dot qui facilitera beaucoup un second mariage. Cette considération est si sérieuse que je n'hésite pas à adopter la solution inverse. N'est-ce pas un principe de raison et droit, que les lois sont faites pour être observées, et que si on trouve un moyen détourné de les éluder, cet expédient doit sans hésitation être réprouvé ? Par conséquent si le conjoint se remarie la cession est annulée pour l'avenir.

La loi nous dit, en effet: « elle (la jouissance) cesse au cas où le conjoint contracte un nouveau mariage; » ce n'est donc qu'à partir de ce jour-là qu'elle cesse.

7° Dans quels cas est amoindri ou réduit l'usufruit légal du conjoint.

I. — Aliénation partiélle.

Ce point a déjà été traité précédemment.

II. — Concours d'héritiers réservataires.

(Étude du paragraphe 3.)
Est-ce une innovation?

« *Toutefois, si l'auteur laisse des héritiers à ré-serve, celle jouissance est réduite au profit de ces héritiers, suivant les proportions et distinctions établies par les articles 913 et 915 du Code Napoléon* (§ 3). »

On a déjà vu combien l'interprétation de la loi de 1866 était difficile. Nous abordons une de ses dispositions les plus compliquées et les plus obscures. Ici les critiques sont sévères, unanimes, et, qui plus est, elles sont méritées.

Trois explications de ce paragraphe ont été produites. Nous allons les discuter une à une, et nous essayerons ensuite d'en proposer une nouvelle.

Première explication (1). — Le § 3 est un tissu de contradictions, et ne peut donc être entendu tel qu'il est. Ne pouvant appliquer la loi, il faut l'effacer ou la faire

1° Le § 3 n'est qu'une suite d'erreurs, car aux termes des articles 913 et 915 la réserve ne s'applique qu'au cas où il s'agit de libéralités soit par acte entré-vifs, soit par testament. Or telle n'est point ici la situation; il n'y a pas de disposant, c'est par la loi seule que l'attribution est faite, et si libéralité il y a, le conjoint ne la tient que de la loi.

2° Il s'agit d'un bien qui sous le régime de la communauté légale tomberait en communauté ; or, les époux (art. 1520 et 1525) peuvent, par contrat de mariage, faire toutes conventions relatives aux biens de communauté, sans qu'elles soient soumises à réserve ; par conséquent cette clause forcée du contrat de mariage, ce gain légal de survie ne doit pas être réductible, puisqu'il ne le serait pas s'il était conventionnel. C'est une anomalie impardonnable !

3° Si l'on voulait s'attacher aux termes étroits de la loi, on aboutirait à des difficultés insurmontables. Comment, en effet, classer cette donation ? quelle date lui donner ? celle du décès? ou celle du mariage? En un mot, comment appliquerez-vous l'article 923? : « Lorsqu'il y a lieu à réduction, elle se fait en commençant par la dernière donation et ainsi de suite en remontant aux plus anciennes. » Vous aboutissez à une impasse si vous vous engagez dans cette voie ! Ce sont de véritable fourches caudines !

Ce système est une critique amère de la loi, il n'en est pas l'explication.

Seconde explication (1). — Si l'on veut posséder le véritable sens de notre § 3, il faut le lire de la manière suivante : « Toutefois, si l'auteur laisse des héritiers à réserve (*la libéralité faite pour échapper à*)

____

(1) M. L. Giraud, thèse de doctorat.

cette jouissance est réduite au profit des héritiers. »
Ainsi, dans cette explication on propose d'ajouter un
membre de phrase entier au texte de la loi, moyennant
quoi, on obtient une disposition très raisonnable.

Voici comment on raisonne dans ce système. Ce n'est
pas à l'usufruit légal qu'elle venait d'établir avec tant
d'efforts dans le § 2 que la loi viendrait porter atteinte
dans le § 3. Effrayée du droit absolu qu'elle venait
d'établir dans le paragraphe 1er au profit de l'auteur, elle a
voulu réduire ce droit dans le cas où il y aurait des réservataires, classe de successibles qu'elle couvre, à bon
droit, d'une protection toute particulière. L'objet de
cette réduction du § 3 ce sont donc : « les libéralités
faites au profit des tiers et uniquement celles-là » dans
un esprit de faveur pour les ascendants et les descendants.

Cette explication s'appuie avant tout sur la discussion
qui eut lieu à la Chambre. Après une suite d'attaques
dirigées contre l'usufruit légal par MM. Paulmier et
Jules Favre, on propose (1) une conciliation de l'intérêt
moral de l'auteur et du profit pécuniaire des héritiers.
Mais M. Mège s'effraye du droit absolu de l'auteur et
trouvant peu satisfaisante la réponse donnée, réclame
d'autres explications. M. Jules Simon répond au nom de
la commission que l'article 1er a été amendé par le conseil d'État, dans le sens du droit de la femme, ce qui a
amené ce droit de disposer sur l'étendue duquel on dis-
cute, et par suite, rejette la responsabilité de l'interpré-

(1) M. Ch. Robert, député.

tation de l'article sur ceux qui l'ont rédigé. L'article est renvoyé à la commission et il en revient tel que nous le connaissons.

Poussés, ajoute-t-on, par un beau zèle, les députés établirent cet usufruit légal, puis le trouvant trop étendu, donnèrent à l'auteur le pouvoir absolu de disposer : à moins qu'il ne l'ait déjà fait « *par acte entre-vifs ou par testament* » (§ 1, *in fine*). Mais il était dans le destin du législateur de dépasser la mesure, car ici encore il était allé trop loin. Dès lors, on écrivit notre § 3, limitant ainsi le droit de l'auteur au profit de personnes spécialement intéressantes, les ascendants et descendants. La discussion prouve, à n'en pas douter, qu'on voulut garantir les réservataires contre les libéralités faites aux tiers.

Cette explication fantaisiste est pleine de bonne grâce, elle a en outre l'avantage considérable de donner un sens clair et précis au paragraphe 3, et mieux encore une raison d'être. On venait de créer des droits trop absolus, on les restreint : « La place même du paragraphe qui suit immédiatement cette incidente *dont l'auteur prédécédé n'a pas disposé par acte entre-vifs ou par testament* le prouve. » Cette interprétation, dis-je, qui sur tous les autres points est excellente, n'a à mes yeux que deux défauts, mais ils sont capitaux :

C'est d'abord de ne reposer que sur la sagacité de celui qui la donne, car elle est absolument dénuée de fondement et on n'apporte à son appui aucune preuve. Les considérations qu'on fait valoir sont-elles concluantes comme on l'assure ? Ce passage des travaux préparatoires dont on fait tant de bruit, ne paraît nullement clair. Il peut prouver, à la rigueur, que l'on ne voulait pas de l'usufruit légal, que l'on voulait assurer le droit des héritiers, et non pas le droit absolu de l'auteur; je le veux bien. Mais je ne vois nulle part quelque chose qui nous autorise à ajouter six mots au texte de la loi. Je viens d'énoncer le second fait à la charge de cette explication, c'est qu'elle ajoute six mots au texte de la loi.

—

—	—
Cette jouissance est réduite au profit des héritiers à réserve, suivant les proportions établis par les articles 913 et 915.	(La libéralité faite pour échapper à cette jouissance) est réduite au profit des héritiers à réserve, suivant les proportions établies par les articles 913 et 915.

Cette manière de changer la loi est tout à fait hardie! Mais si la changer est beaucoup, c'est encore plus de la contredire ? or, le texte de fantaisie que l'on propose contredit le texte légal. Je lis d'un côté : « *cette jouissance* »; de l'autre : « La libéralité faite pour échapper à cette jouissance. » On ne peut vraiment lire le texte avec un rapiéçage que rien n'autorise.

Troisième explication (1). — Il ne faut pas critiquer la loi, ni la modifier, quand on peut lui conserver son texte. Or, on peut appliquer ce mémorable paragraphe 3 sans y changer un *iota*.

(1) M. Flourens, thèse de doctorat.

En voici la preuve.

Le décret de 1810 accordait un droit entier à certaines veuves. En 1866, si d'une main on l'élargit en l'étendant à toutes les veuves, de l'autre on l'amoindrit en en faisant un usufruit, en appelant par conséquent les descendants à une certaine part : la nue-propriété. « Mais les considérations qui firent admettre cette restriction, existaient avec bien plus de force pour les ascendants, qui destinés par leur âge à prédécéder, n'eussent rien reçu en réalité en recevant la nue-propriété. » Notre § 3 fait donc une faveur aux réservataires. Quel en est le *quantum* : « suivant les proportions établies aux articles 913 et 915. » Ce quantum on le trouve donc au Code : c'est 1|2, 1|3, 1|4 d'usufruit si l'auteur laisse un, deux, trois enfants ; 1|2 s'il y a des ascendants dans les deux lignes ; 3|4 s'il n'y en a que dans une seule.

Voici donc comment il faut lire le § 3.

TEXTE.	INTERPRÉTATION.
« Cette jouissance est réduite au profit des héritiers à réserve suivant les distinctions établies par les articles 913 et 915. »	Cette jouissance n'est plus aussi pleine, quand il y a des héritiers à réserve ; il y a alors lieu à un partage déterminé suivant les distinctions établies par les articles 913 et 915.

La meilleure preuve que l'on apporte à l'appui de cette manière de voir consiste dans une série de considérations que nous avons déjà présentées. On venait de rebrousser chemin, de diminuer le droit du conjoint au profit des descendants. Pourquoi ne pas admettre aussi une certaine faveur pour les ascendants qui en sont tout aussi dignes?

Une seconde raison qui vient corroborer la première est celle-ci : Toute autre explication de la loi arrive à un résultat fâcheux. Quant : « au seul avantage véritablement précieux, l'usufruit, la veuve n'eût rien tenu de son mari, mais tout de la loi. » Dès lors, dit-on, puisque la loi permet à l'auteur de punir son conjoint en aliénant son droit exclusif, il fallait bien aussi qu'elle lui permît de le récompenser. Or, si la mesure de l'usufruit légal eût été aussi étendue que celle des dispositions à titre gratuit, où se serait trouvé le droit de récompense? La loi devait donc réduire cet usufruit au profit des ascendants et descendants afin de permettre à l'auteur de gratifier efficacement sa compagne.

Cette explication a l'avantage de conserver le texte de la loi et d'expliquer notre paragraphe d'une manière toute naturelle. Mais est-elle juridique et conforme à l'esprit de la loi? Je ne le pense pas : à mon grand regret, j'aurais voulu pouvoir me rallier à cette manière si simple de juger les choses.

Et d'abord, elle est contraire au texte de la loi. Relisons-le pour nous en convaincre : « Toutefois, si l'auteur laisse des héritiers *à réserve*, cette jouissance est *réduite* suivant les proportions et distinctions des articles 913 et 914. » Les mots que je souligne nous font bien voir qu'il s'agit ici non pas d'un partage mais d'une ré-

serve. On traduit le mot « est réduite » par celui-ci
« *est amoindrie* ». Que ces deux mots soient jusqu'à un
certain point synonymes grammaticalement, j'y consens,
mais juridiquement, je m'y refuse. Quand la loi dit « réduite » elle veut parler de réduction et non pas de limi-
tation ; et elle le montre bien elle-même, puisqu'elle
ajoute : « *suivant les distinctions établies par les articles 913 et 915.* » Or, si l'on se réfère au Code civil,
on voit que l'article 913 est le premier de la section 1re
du chapitre III du titre 2, livre troisième : De la portion
de biens disponible *et de la réduction.* La loi l'indique
encore en disant : « *les héritiers à réserve* » ? Si votre
explication était la seule vraie, la loi eut dit : les ascendants et descendants. Pourquoi ce mot de réserve ?

J'ai ajouté que cette interprétation est contraire à l'esprit de la loi. Aussi est-ce chose curieuse à remarquer
qu'autant dans la précédente explication on faisait lon-
guement mention des travaux préparatoires, autant ici
on évite tout détail de ce genre. Autant tout à l'heure les
citations étaient nombreuses, autant ici on en est avare,
et cela n'étonnera personne de ceux qui se souviennent
que l'on ne s'est guère préoccupé du sort réservé aux ascendants. On a beaucoup parlé des petites-filles de Mil-
ton, mais on a négligé les faits qui concernaient les ascendants des auteurs. L'attention du législateur se serait
donc portée sur un point où nul n'était allé l'éveiller ?
C'est peu croyable.

Trouvons-nous dans la discussion quelque trace de
cette idée ? Loin de là, c'est l'idée contraire qui apparaît
à la lecture du *Journal officiel*, car le rapporteur, répon-

dant à une objection faite au sujet de la réserve de l'article 1094, s'écriait : « *Nous n'avons pas à prémunir les auteurs de celle-là, puisque la Chambre nous avait recommandé uniquement de conserver la réserve au profit des enfants.* »

Passons maintenant à l'examen des raisons qu'on nous oppose. Je laisse de côté les considérations philosophiques qu auteur fait valoir et sur le terrain desquelles je ne puis le suivre. Ce sont là des appréciations personnelles purement gratuites. Qu'au fond elles soient exactes ou erronées, dans tous les cas elles ne sont pas établies.

La seconde considération est vraiment divinatoire ! la loi de 1866 aurait restreint l'usufruit pour permettre à l'époux de gratifier sa femme ! Mais encore une fois, où voit-on cela ? quel est le lambeau de phrase qui porte à le croire ? Mais si l'auteur veut gratifier son épouse ne le peut-il pas ? Lui qui peut disposer au profit d'un étranger du droit entier, si la réserve n'est pas en cause, pourra également disposer de la pleine propriété au profit de sa femme. La quotité disponible à son égard s'appréciera même d'une autre manière (art. 1094).

Quatrième explication. — Proposer une nouvelle explication après avoir tenté de renverser toutes les autres, paraîtra peut-être téméraire. J'ose espérer cependant en l'indulgence de ceux qui ont à juger cette étude, et comme il s'agit ici d'une thèse de doctorat, c'est-à-dire d'un travail où la personnalité doit percer avant tout, j'ai cru que je pouvais édifier une nouvelle théorie sur les ruines des trois autres. Le texte du § 3, bon gré, mal

gré, est inexplicable si on veut le conserver tel qu'il est.
Il faut, pour trouver son vrai sens, changer le numéro
des articles indiqués, 913 et 915, et *les remplacer par
un autre article, l'article 1094 qui règle la quotité
disponible entre époux*.

Je lirai donc ainsi :

<table>
<tr><td>TEXTE.</td><td>INTERPRÉTATION.</td></tr>
<tr><td>Cette jouissance est réduite au profit des héritiers à ré-serve, suivant les distinctions établies par les articles 913 et 915 du Code Napoléon.</td><td>*Cette jouissance est réduite au profit des héritiers à ré-serve, suivant les distinctions établies par l'article 1094 du Code civil.*</td></tr>
</table>

L'explication que je présente se trouve jusqu'à un
certain point prouvée, grâce à la démonstration par l'ab-
surde, que je viens de soutenir. Si les ascendants ne sont
pas en cause, s'il ne peut s'agir des libéralités faites aux
tiers au détriment du survivant, c'est qu'il s'agit alors
d'une question de réserve. Mais comme cette manière de
prouver n'a pas cours dans le domaine des sciences juri-
diques, on nous saura gré d'apporter quelques autres
preuves. Qu'il s'agisse ici d'une question de réserve, la
loi l'indique par trois fois, quand elle dit : « *les héritiers
à réserve* », quand elle ajoute un peu plus haut : «*cette
jouissance est réduite* », enfin quand elle renvoie aux
articles 913 et 915. Il faut donc remplacer les mots
« article 913 et 915 » par ceux-ci : « l'article 1094 »,
et cela précisément parce qu'il s'agit ici de quotité disponible et qu'on a voulu s'en référer au droit commun. Or
le droit commun en notre matière c'est l'article 1094 et

non pas les articles 913 et 915. Ces articles ne peuvent être appliqués parce qu'ils s'adressent à tout autre qu'au conjoint. C'est donc l'article 1094 qui fut visé et c'est celui-là seul qu'on doit appliquer. Mais alors pourquoi ce chiffre 913 ?

Si je ne m'abuse, c'est à une erreur de la commission que l'on est redevable de cette fausse indication. Ce phénomène n'est pas nouveau dans les annales législatives, et pour n'en donner qu'un exemple bien connu, je rappellerai que lors de la discussion de l'article 767 actuel ce fut une assertion erronnée de Treilhard qui fit déshériter le conjoint. Mais c'est surtout par la lecture des travaux préparatoires que l'on peut se convaincre de la véracité de cette explication. Qu'on me permette donc de faire passer sous les yeux certains passages de la discussion, en assistant aux débats :

La Chambre tenait beaucoup à sauvegarder la réserve et voulait qu'elle fût spécialement visée dans la loi. On retrouve cette idée dans plusieurs passages de la discussion.

C'est ainsi qu'à un député qui le demandait, on répondit: « *Le Code civil pourvoit suffisamment à ce que,* « *s'il y a des dons ou des legs, ces dons ou ces legs* « *n'excèdent pas la quotité disponible calculée sur* « *l'ensemble de la succession.* »

Ailleurs, à un autre député qui voulait savoir à quoi s'en tenir sur cette question de la réserve, M. Rouher répond : « *Le droit des héritiers à réserve n'est à au-* « *cun degré modifié par le projet de loi (art. 1er).* »

« *Alors*, s'écrie M. Jules Favre, *c'est inintelligible !* »

La commission appelée à se prononcer en dernier ressort
sur ce litige, se réunit et répond à la séance suivante
par l'organe d'un de ses membres : « *Nous sommes
d'accord avec le Conseil d'Etat, pour admettre que
l'article 1er n'a pas entendu déroger au droit commun, en ce qui concerne la réserve légale.* »

A la majorité des voix le projet fut renvoyé à la commission, pour y être remanié. Depuis le 5 juin 1866 il
faut aller au 27 de ce mois pour trouver une séance ou
cette matière soit traitée. Ce jour-là, dès le commencement de la séance, nous voyons M. Picard s'écrier
(Ceci est très remarquable et prouve bien l'erreur de
la Chambre) : » *Il y a dans notre Code un autre article qui règle précisément la quotité disponible; quant à
« cette quotité il me semble que l'article 1094 devrait
« être visé.* » On ne fit aucune attention à l'article 1094
pas plus que s'il n'existait pas ; seulement on crut qu'il
y avait là une nouvelle demande d'explications au sujet
de la réserve, en matière de propriété littéraire et artistique, et le rapporteur répondit (c'est là le dernier mot
de cette affaire, on ne trouve plus rien dans la discussion
qui puisse éclairer le débat) :

« *Nous avons dit : que le droit de réserve était
« maintenu tout entier, et nous avons renvoyé aux
« articles 913 et 915 qui constituent la réserve de
« droit commun.* » Voilà qui est explicite! Le rapporteur dit : nous avons maintenu la réserve et renvoyé
aux articles 913 et 915 *qui constituent la réserve de
droit commun.* Là est l'erreur, elle est palpable. Les articles 913 et 915 constituent bien la réserve de droit

commun, mais ici il ne pouvait s'agir de celle-là, puisque c'est une question de quotité disponible entre époux. Or, le droit commun en matière de quotité disponible entre époux c'est l'article 1094 ! et, il s'agit bien ici de quotité disponible entre époux puisque la loi dit : « Cette « jouissance sera réduite. » En résumé, l'auteur étant prédécédé, je distingue pour voir quelle est l'étendue du droit du conjoint, deux cas.

1ᵉʳ Cas. — Il y a des héritiers ordinaires. Le conjoint a l'usufruit légal plein et entier pendant 50 ans, les héritiers n'ont que la nue-propriété (sauf le cas où le régime matrimonial leur assure certains droits) ; nous verrons cela plus tard.

2ᵉ Cas. — Il y a des descendants. Dans cette hypothèse, on estime la valeur de la succession entière, y compris le droit d'auteur, et si, conformément à l'article 1094 l'usufruit dépasse la moitié des biens, il sera réduit.

S'il y a des ascendants, l'usufruit légal ne sera pas réduit, puisque l'article 1094 ne reconnaît dans les rapports de l'ascendant et de l'époux qu'une réserve sur la nue-propriété de la moitié. Puisque c'est le droit commun pur et simple, puisqu'il n'y a là rien autre que l'application des règles du Code civil, qu'avait besoin la loi de 1866 d'écrire ce paragraphe 3 ? Je n'en vois d'autre raison que celle-ci : des explications ayant été demandées par les députés, des doutes s'étant élevés et pouvant s'élever encore, il fallait les faire cesser.

8· Quand le conjoint aura-t-il plus que l'usufruit légal ?

Cette augmentation peut provenir de deux sources :
1° Par suite du régime matrimonial ; 2° par le fait d'une libéralité.

I.

Augmentation par suite du régime matrimonial.

6· *Innovation*. — Sous l'empire du décret de 1810 cette augmentation ne pouvait jamais se produire, vu que le droit est plein et entier ; aujourd'hui, au contraire, ce n'est plus qu'un usufruit, et de plus, nous avons une disposition expresse de la loi : « a cette jouissance, *indépendamment* des droits qui peuvent résulter en faveur de ce conjoint du régime de la communauté. »

Le droit de propriété est garanti à l'auteur et à sa veuve pendant sa vie, si les conventions matrimoniales do celle-ci lui en donnent le droit.	*Pendant toute cette période le conjoint a la simple jouissance, etc..... indépendamment des droits qui peuvent résulter en faveur de ce conjoint, du régime de la communauté (par. 2).*

I. De la communauté.

La loi de 1866 nous ramène au droit commun, dont était sorti le décret de 1810.

Elle tranche en même temps la fameuse controverse qui s'agitait au sujet de la communauté sous l'empire du décret. En présence de ce texte on est forcé d'admettre que le droit d'auteur tombe dans la communauté. Ce résultat est conforme aux principes généraux. Le droit d'auteur est un droit mobilier, et nous nous trouvons en face de l'article 1401 qui fait tomber dans la communauté tous les meubles acquis avant et après le mariage.

1° Actif et administration de la communauté.

Quand et comment le droit d'auteur tombe-t-il dans la communauté?

A. — Il s'agit d'un manuscrit inédit.

Comme il n'y a là qu'une « conversation de l'auteur avec lui-même » il ne peut être question de lui.

B. — Le manuscrit a déjà été publié.

Quid des bénéfices produits? Dans ce cas, les exemplaires tirés et non vendus de même que le produit de ceux qui ont été vendus, tombent dans la communauté sans récompense. C'est l'application des principes généraux.

C. — Le manuscrit a été publié, mais il s'agit du droit de copie.

L'œuvre a une valeur commerciale, que va-t-il advenir du droit de copie, droit de reproduire indéfiniment l'œuvre de l'auteur. Il est incontestable qu'en présence de la loi de 1866 ce droit tombe dans la communauté, mais nous avons besoin d'éclairer cette proposition, et de rechercher à quel moment il y tombe.

a. — Est-ce à la mort de l'auteur?

On l'a parfois soutenu, en s'appuyant sur deux ordres de considérations, à savoir: 1° que le privilège n'est pas partageable, ainsi que les autres biens de communauté ; 2° que l'auteur et l'œuvre ne font qu'un et ne peuvent être séparés durant sa vie. Cette opinion doit être repoussée. Elle est en effet directement contraire au texte et à l'esprit de la loi qui donne à l'é...x l'usufruit légal et *en outre* sa part dans la communauté, « *indépendamment des droits,* etc. » Les deux raisons que l'on apporte se confondent en une seule à savoir : que le droit d'auteur n'est pas une valeur commerciale partageable. Or, de toute manière, ne faudra-t-il pas quelque jour partager le droit d'auteur entre les enfants, si on ne veut rétablir le droit d'aînesse. On recule donc devant l'obstacle sans le franchir ! Si la femme est auteur, ajoute-t-on, le mari étant seigneur et maître de la communauté va pouvoir faire des éditions. C'est transporter la puissance maritale dans le domaine de la conscience ! Cette objection trouvera sa réponse un peu plus loin.

Est-ce au moment du contrat de mariage ? Je ne le pense pas non plus, dans le cas où le droit de copie naîtrait pendant le mariage.

b. — *C'est au moment de la naissance du droit d'auteur.*

Examinons successivement deux hypothèses.

Premier cas. — Le droit de copie existait avant le mariage. Nous nous trouvons en présence de l'article 1401. Il tombe en communauté dès la célébration du mariage.

Deuxième cas. — Le droit de copie naît pendant le mariage. Dans ce cas il tombe dans la communauté à partir du jour où il est né, 10, 15, 20 ans après le mariage, s'il naît 10, 15, 20 ans après.

Le droit d'auteur naît quand l'ouvrage forme un tout définissable et palpable, pour ainsi dire, par suite de l'impression.

Quels sont les pouvoirs du mari sur le droit de copie?

A. — *C'est le mari qui est auteur.*

Il a les pouvoirs les plus larges, c'est lui qui dirige la publication, contracte avec les imprimeurs, vend, cède son droit, perçoit pour la communauté le fruit des éditions, etc.

B. — *C'est la femme qui est auteur.*

On m'arrête en me disant : comment pouvez-vous parler des pouvoirs du mari sur le droit de copie quand c'est la femme qui est auteur? Leur existence porterait l'atteinte la plus grave au domaine sacré de la conscience.

Je répondrai par une distinction : ou l'œuvre est manuscrite, ou elle ne l'est pas. Au premier cas la femme ne peut publier sans le consentement de son mari. Mais d'un autre côté, l'œuvre est inestimable et le mari n'a aucun pouvoir sur elle. Dans le second, l'œuvre a été publiée par suite du double consentement du mari et de la femme. Mais alors, que vient-on me parler de conscience violentée? Si la publication de cette œuvre était nuisible à l'honneur de la femme, si elle était dangereuse pour sa réputation, est-ce que par une première publication tout l'effet n'est pas produit? Cet honneur et cette réputation que vous vantez si haut, est-ce que la femme n'en n'a pas fait bon marché!!! Dès lors que vient-elle se plaindre? Ainsi donc, pour chaque édition nouvelle, pour les cessions à faire aux éditeurs, etc., il faut le consentement de la femme et l'autorisation du mari.

2° Passif de la communauté.

A. Droit de poursuite des créanciers. — 1° Les dettes relatives au droit d'auteur qui sont antérieures au mariage tombent dans la communauté (art. 1409-1).

2° Si le mari est auteur, les dettes qu'il a contractées à propos du droit d'auteur y tombent également (art. 1409-2).

3° Quand la femme est auteur, les dettes contractées par elle au sujet du droit de copie, tombent dans la communauté, si elle a été autorisée par son mari. Mais elles n'y tomberaient pas dans le cas où, ne pouvant triompher de la résistance ou de l'entêtement de celui-ci, elle a eu recours à l'autorisation de justice.

B. Droit de contribution. Des récompenses. — L'article 1437 qui pose le principe général est ainsi conçu : « Toutes les fois que l'un des époux a tiré un profit personnel des biens de la communauté, il en doit récompense. » On ne trouve pas ici ce profit personnel dans le sens de l'article 1437, on ne doit donc point hésiter à dire que le droit de copie tombe dans la communauté sans récompense. Il est vrai que deux commentateurs de Zachariæ, MM. Massé et Vergé, soutenaient, sous l'empire du décret de 1810 et grâce à l'ambiguïté de ses termes, que récompense était due par la communauté. Mais cette opinion qui eut peu de succès me

paraît inexacte à un double point de vue : Sous le décret
de 1810, il n'y avait pas lieu à l'application des règles
du Code civil sur la communauté, je crois l'avoir demon-
tré ; et, en second lieu, les principes généraux s'oppo-
sent à ce qu'une récompense soit due.

3° Dissolution de la communauté et ses suites.

Acceptation de la communauté.

Le conjoint acceptant a en pleine propriété *la moitié*
des droits d'auteur. De plus, il a, en vertu de la loi de
1836, un usufruit légal sur le tout, usufruit qui par la
force des choses ne porte plus que sur la moitié.

Les héritiers de l'auteur défunt ont donc *la moitié
en nue-propriété* seulement, et le conjoint *la moitié
en pleine propriété, et le reste en usufruit.* Cette
doctrine ne me paraît pas douteuse en présence du texte
de la loi : « *et indépendamment des droits qui peuvent résulter en faveur de ce conjoint du régime de
la communauté.* » Or, en faveur du conjoint il résulte
de la communauté un droit à la moitié, en pleine propriété (1).

Analysons les conséquences curieuses et peu remar-
quées de cette doctrine. La femme survivante pourra
céder les droits d'auteur, pour la 1|2, d'une manière
aléatoire et viagère. En conséquence, après la mort du
conjoint cédant, l'éditeur cessionnaire se trouvera propriétaire pour la moitié des droits d'auteurs. La propriété littéraire sera donc partagée par moitié, une moi-

(1) M. Gaulier à son cours.

tié à l'éditeur, une moitié aux héritiers de l'auteur. Ces diverses personnes devront s'entendre au sujet des éditions à faire, de leur mode et du nombre d'exemplaires, etc. S'il y avait des abus, les tribunaux interviendraient pour fixer la part de chacun, dans ce que j'appellerais l'administration intérieure de la propriété littéraire.

On devine là une abondante source de procès. Ici comme précédemment, les critiques seraient exactes et auraient le droit d'être sévères. Quand le législateur écrit les lois, il ne devrait jamais oublier qu'une loi mal faite rejaillit sur ceux qui l'ont édictée !

Pour éviter les difficultés incessantes de la pratique, l'auteur pourra peut-être faire, par clause expresse, une donation ou un legs du droit d'auteur en entier en faveur du conjoint.

A la mort de l'époux survivant, sa pleine propriété sur la 1⁄2 passe à ses héritiers, et d'un autre côté l'usufruit légal cessant, l'autre 1⁄2 (en pleine propriété) va rejoindre les héritiers du mari. Ici encore, division du droit d'auteur et nouvelle matière à critiques !

Voilà où aboutit le système des compensations et des moyens termes qui a l'arbitraire pour devise et l'injustice pour résultat ! Un jour, peut-être, la grande voix de l'opinion publique finira-t-elle par se faire entendre et par étouffer les calculs mesquins de l'égoïsme !

Ce cas de partage n'est pas le seul. L'auteur prémourant pourra bien disposer, au profit de qui que ce soit, de sa part, soit la moitié à cause du régime de la communauté ; par conséquent, s'il peut priver, en vertu des pouvoirs que la loi lui confère, le conjoint de son usufruit légal, il ne peut le priver de la moitié qui lui est due par suite de son acceptation. Donc, division.

De même, si la femme meurt avant le mari auteur, ses héritiers succèdent à la 1|2 en pleine propriété qu'avait la femme. Dès lors, on comprend qu'il puisse y avoir lieu à des difficultés. Si le mari veut traiter avec un éditeur pour 50,000 fr., les héritiers peuvent s'y refuser, parce que le prix leur semble insuffisant.

Ils peuvent encore s'opposer aux radiations, suppressions, corrections fâcheuses que voudrait faire l'auteur. Toutefois, comme le droit de correction qu'a l'auteur sur ses ouvrages doit cependant rester intact, il ne faudra se décider que sur l'examen des questions de fait. S'il y avait des abus, les tribunaux sont là pour interposer leur autorité et régler le conflit (1).

B. Renonciation à la communauté.

Le conjoint survivant a-t-il son usufruit légal sur le tout, ou est-il perdu pour lui à cause de cette renonciation ?

La négative saute aux yeux ce me semble. Sous l'empire du décret de 1810, M. Renouard décidait que le droit anormal qu'il créait était perdu pour la femme qui renonçait à la communauté. Et cela était logique pour le cas où l'on croyait ce droit attaché comme faveur à certaines : « conventions matrimoniales. » Aujourd'hui, cette doctrine ne doit plus être reproduite, car le béné-

____

(1) M. Gautier à son cours,

fice légal est désormais indépendant du régime matrimonial: « *indépendamment* » dit la loi. A quelle qualité, le législateur s'attache-t-il pour attribuer ce bénéfice? à celle de conjoint survivant. L'époux ne s'en dépouille pas, que je sache, par sa renonciation.

L'effet de la renonciation est donc de faire perdre à l'époux le bénéfice qui serait résulté à son profit de la communauté, mais cela sans préjudice des droits que lui confère la loi.

Des solutions analogues se retrouvent dans les articles 1465 et 1481 du Code civil.

II. Régimes matrimoniaux autres que la communauté

Sous le régime dotal, de séparation de biens, ou sans communauté, on doit appliquer les règles relatives à l'usufruit légal du « survivant ; » c'est là, nous l'avons vu, une différence saillante avec le décret de 1810. Mais il faut ajouter que le conjoint n'a droit à rien de plus. Les règles sont les mêmes que pour la renonciation.

La loi nouvelle aboutit à ce résultat curieux et illogique que, sous ces divers régimes, l'époux qui n'est pas auteur n'a aucun profit à retirer pendant la vie de l'auteur, et, à sa mort, au contraire, il bénéficie du droit de copie. La loi a été critiquée, elle ne pouvait manquer de l'être ! Nous signalons ces incohérences, sans avoir le courage de les excuser.

Renonciation à l'usufruit légal.

La femme peut, par contrat de mariage, renoncer à la demie en pleine propriété qui serait résultée pour elle de la communauté. Mais peut-elle (par contrat de mariage toujours) renoncer à son usufruit légal ? Je ne le pense pas ; car l'article 791 nous dit : « On ne peut même, par contrat de mariage, renoncer à la succession d'un homme vivant ou aliéner les droits éventuels qu'on peut avoir à cette succession. » Or, c'est bien là un droit, et un droit éventuel, puisqu'il est subordonné à cette condition casuelle que l'époux sera survivant. Nous sommes donc bien dans les termes de l'article, qui est d'ordre public, ne l'onblions pas. Maintenant, ce droit, l'époux le tient de la loi et non pas de l'homme, peu importe ; car l'article ne distingue pas. Les motifs qui l'ont inspiré se retrouvent d'ailleurs largement ici.

III. — Du mariage putatif.

Ce mariage fait-il acquérir au conjoint de bonne foi (pour le cas où il survit) l'usufruit des ouvrages composés avant l'annulation de cette union. Sous l'empire du décret de 1810, la négative était enseignée par M. Renouard. Mais il me semble que l'on peut combattre cette doctrine, car en supposant les époux de bonne foi, ils profitent de tous les avantages que leur assure leur contrat. Dès lors, en cas de communauté, je crois qu'on devait répondre à la question que nous avons posée pour l'affirmative, car le droit anormal établi par le décret était attaché aux conventions matrimoniales. Qu'en est-il aujourd'hui ? La question devient plus délicate, car la raison que nous venons d'alléguer ne peut plus se donner ici. Examinons diverses hypothèses.

Premier cas. — L'auteur est de mauvaise foi, et le mariage n'est annulé qu'après sa mort. Dans ce cas, l'usufruit légal doit à mon sens être attribué à la femme, et voici pourquoi : la loi attache son bénéfice à la qualité de *conjoint survivant,* et cette qualification « survivant » nous montre que c'est au décès de l'auteur qu'il faut qu'elle existe. Or, au décès de l'auteur, l'époux est bien conjoint survivant, puisqu'elle survit, et que, par hypothèse, le mariage n'était pas annulé.

Deuxième cas. — Le mariage est annulé du vivant de l'auteur. Dans ce cas, il est vrai de dire que le conjoint n'est plus *époux survivant,* aussi certains auteurs, interprétant étroitement le texte de la loi, lui refusent-ils l'usufruit légal. Je préférerai cependant la solution contraire, car l'article 201 nous dit : « *Le mariage qui a été déclaré nul produit néanmoins les effets civils, lorsqu'il est contracté de bonne foi.* Or, c'est ici un *effet civil,* et, à ce titre, le survivant de bonne foi y a droit. Je tire, en outre, en faveur de cette manière de voir un argument d'analogie très fort, de cette considération que l'on n'a jamais refusé la jouissance légale de l'article 384 à l'époux de bonne foi. Or, n'y a-t-il pas ici également une jouissance légale? Et encore, est-ce que les époux de bonne foi ne conservent pas leur droit éventuel à une institution contractuelle (art. 1082 et 1093) ?

II.

Augmentation par suite de donations ou legs.

La loi de 1866 réserve à l'auteur la faculté de disposer par acte entre vifs ou par testament. Si l'auteur peut user de ce droit à l'égard d'un étranger, à plus forte raison peut-il le faire en faveur de son conjoint.

Sous l'empire du droit de 1810 la disposition faite au profit du conjoint lui était toujours utile, soit que la femme n'eut aucun droit de par son contrat de mariage, soit dans le cas contraire, car elle changeait ce droit absolu dans son étendue en un droit absolu dans sa durée.

Actuellement il en est de même et l'intérêt de la disposition faite par l'auteur est manifeste dans le cas où l'auteur perd l'usufruit légal par suite do convol en secondes noces, etc. Il aura dans ce cas ce que le défunt lui laisse.

S'il y a des réservataires, on applique les règles de la quotité disponible.

CONCLUSION

Nous avons ainsi terminé le travail que nous nous étions imposé. Travail restreint et incomplet! Il eut été intéressant d'étudier la jurisprudence actuelle et les législations étrangères. Espérons que quelque jour il nous sera permis de compléter celte esquisse et de consacrer ainsi notre temps au service de la grande cause que nous nous faisons gloire de servir.

L'étude do la jurisprudence et des législations étrangères nous eût donné de sérieuses et profitables leçons. Les jugements et les arrêts nous eussent fait sentir la nécessité d'une loi bien faite, réglementant les difficultés qui embarrassent la pratique et dont l'importance semble s'accroître de jour en jour. L'examen des législations étrangères nous eût fait toucher au doigt la nécessité d'une réforme consacrant l'inviolabilité du droit des auteurs et des artistes. Il faut bien le dire à notre honte, les nations étrangères ont pris les devants en édictant des lois protectrices (1). La France, où toujours les arts furent en honneur; la France, autrefois berceau des lettres, aujourd'hui encore leur abri, doit donner au monde l'exemple d'une protection efficace! La voie du progrès s'ouvre devant elle.... Si elle ne veut être prévenue, qu'elle s'y élance promptement et prenne en faveur des auteurs la glorieuse initiative d'une mesure généreuse dont l'honneur rejaillira toujours sur elle.

(1) Cons. la loi italienne de 1865. En Allemagne, la loi du 9 janvier 1874.

TABLE DES MATIÈRES